*Do you like music?* II

Fujioka Sachio

ショルティの２度目のアシスタントをしたとき、実際にそのときに使っていた手垢のついた指揮棒をプレゼントしてくださり、スコアにサインをいただいた。ショルティとの時間は大切な思い出です。

藤岡幸夫（指揮）関西フィルハーモニー管弦楽団、ザ・シンフォニーホールにて
首席指揮者をしている関西フィルとは、今年（2021 年）で 22 年目のシーズン。
とにかく明るく、熱い！　魅力的なオーケストラです。

©s.yamamoto

*Do you like music?* Ⅱ

© 青柳聡

# 続 音楽はお好きですか？

Do you like music? II

藤岡幸夫

敬文舎

装丁・デザイン―竹歳　明弘
企画協力―――――吉村　和昭
編集協力―――――山本　富洋
編集――――――――阿部いづみ

もくじ―続 音楽はお好きですか？―

# はじめに

五〇歳になってからでしょうか？　よく「神さまはなぜ僕を指揮者にしてくださったのだろう？」と自問するようになりました。

デビューするまでの若いころの僕は、「絶対に指揮者になれる！」と、なんの根拠もないのに信じて疑いませんでしたが、今思い返すとゾっとします。

幸運にも指揮者の道を歩みはじめてからは、演奏会では毎回できるかぎりの高みをめざして音楽に向き合うのは当然として、シベリウスや英国の音楽など、とくに大切にしている作曲家たちの作品の紹介や、邦人作品の初演に力を入れてきました。

また、演奏会でトークを入れて、クラシックの敷居を低くして、オーケストラファンの裾野を拡げる活動も精力的にやってきました。

本の執筆をはじめたのも、クラシックをもっと身近に感じていただきたいと思ったからです。

前作『音楽はお好きですか？』は、僕が英国デビューするまでを、幼少のころのエピソードを交えながら、親しみやすい内容にしました。

本書は、指揮者のこと、楽曲のこと、作曲者のことに重きをおいて書き下ろしました。もちろん、おもしろいエピソードも満載です。

本書も、最後まで楽しんでいただけますように！

# できれば振りたくない「運命」

一九九三年一一月、ＢＢＣフィルハーモニックの定期演奏会で、僕は英国デビューを果たしました。それがすごく上手《うま》くいって、ＢＢＣフィルが僕のために、それまでなかった副指揮者のポストを新設してくださいました。任期の三年間は、演奏会や放送用録音を毎年二〇本以上指揮できたので、素晴らしい経験となりました。

また、ロンドンの大手マネジメント会社「ＩＭＧ」の日本人初の所属アーティストとなり、マネージャーのニック・マサイアスがヨーロッパ各地の仕事をとってきてくれて、僕の

指揮者人生がスタートしたのです。

一九九五年には、当時、英国で非常にクオリティの高い室内オーケストラとして知られていたマンチェスター・カメラータの首席指揮者にも就任し、年間三〇本の演奏会を指揮するようになりました。そして同じ九五年の五月には、留学前に指揮研究員として僕を可愛がってくださっていた日本フィルハーモニー交響楽団の定期演奏会（サントリーホール二日連続公演）で、ショスタコーヴィチの交響曲第7番「レニングラード」を指揮して日本デビュー。演奏会は大成功で、すぐに日本フィルの指揮者に就任しました。

こうやって書くと順風満帆のようだけど、とんでもない。指揮者の仕事はそんなに甘くない。デビューしたあとが本当に大変で、苦難の連続だったのです。そして、それは今でも



▶BBCフィルのトップで、学生時代からたくさんのビッグチャンスをくれたトレバー・グリーン。僕はアンクル・トレバー（トレバーおじさん）と呼んでいました。

僕を育ててくれたIMGのマネージャー、ニック・マサイアス。

続いているのであります。

日本フィルの指揮者に就任した翌年の一九九六年、ベートーヴェンの交響曲第5番「運命」を七日間連続で指揮するチャンスをいただきました。

このベートーヴェンの交響曲第5番は、すごい傑作だし大好きな作品だけど、ここだけの話、僕の中では今でもできれば指揮したくない作品のナンバーワンなのです。

理由はいろいろありますが、なんせ音楽的にもアンサンブル的にもすごく難しい。その一方で、人気作品だからよく演奏される。そのため、各オーケストラに独自のスタイルができ上がっているのです。

機能性の高いオーケストラだと指揮者によってスタイルをすぐ変えられるけど、歴史あるオーケストラではすぐには変わりません。でも伝統的なスタイルがあるのは、それはそれで素晴らしいことだと思っています。

そして、指揮者のテクニックによるところが、いちばん大きい。

さらに、「運命」のスコア（楽譜）からはものすごいテンションを要求されます。「運命」を指揮するからには、お客さまに衝撃を与えるような演奏をしなければならない。オーケストラをその気にさせるのもすごく大変なのです。

この日本フィルとのコンサートで初めて「運命」を指揮したのですが、それはもう酷《ひど》かった。指揮台の上でむやみに暴れているだけで、まったく自分の「運命」にならないのです。七回連続なので、毎日がまるで拷問でした。


いろいろな団員さんがアドバイスをくれました。

「フジオカくん、もっと力を抜いて僕たちに任せてよ。ちゃんとこっちは弾くから大丈夫」。

そのアドバイスを試してみると、翌日違う団員さんには、

「フジオカには『運命』を楽に振るような指揮者になってほしくないな……」

と言われ、とどめのひと言は、ほかの団員さんに、

「『運命』は難しいんだよ。まだフジオカくんには早かったかねぇ……」

でした。

ただ別に団員さんが僕に意地悪をしていたわけでは決してありません。僕の技量のなさと経験不足がいちばんの原因だったのです。

僕はこのときの七日間でノイローゼになってしまい、指揮者をやめようかと本気で思ったほどで、頭の右側の髪の毛がいつの間にか真っ白になっていたのです。

その後、いろいろな指揮者に「運命」について聞いてみると、難しいと思っている人がやはり多く、有名なマエストロが、控え室の鏡の前で「運命」を振る練習をしているのを偶然目撃したときは、内心すごくうれしかったなぁ……。

二〇年近く前になりますが、一か月のあいだに四つの違うオーケストラと「運命」を演奏する、という最悪の事態が起きました。

日本国内二か所とオーストラリア、スイスのオーケストラで、おもしろいことに同じように振っても各オーケストラのテンポが全然違うのです。このときはオーストラリアのクイーンズランド交響楽団とのテンポ感などの相性が良くて、生まれて初めて自分のやりたい「運命」ができたものの、この月は激痩せして栄養失調で倒れる寸前でした。
だいたい「運命」のリハーサルが近づくだけで、今でも何も食べられなくなり、指揮台では体力を消耗するので、本当に身体に悪い曲なのです（そう思うのは僕だけかもしれませんが……）。

僕が首席指揮者を務める関西フィルハーモニー管弦楽団とは二二年目（二〇二二年現在）のシーズンなので、これまで何十回と「運命」をやってきました。皆さん、僕のやりたい「運命」をよく理解してくれている（本当にありがたいです）けど、それでもリハーサルの前は何も食べられず、そして指揮台の上ではベートーヴェンに精力をとことん吸い取られる……、そういう曲なのです。

今でも、自分からプログラムで「運命」を取り上げることは絶対しません。「運命」を指揮するときは、主催する方からの要望のときだけです。
そしてそのときは、「食欲なくなるからダイエットになるし」と自分に言い聞かせて、生きるか死ぬかの覚悟で指揮台に立つのであります。

# 「運命」と呼ぶのは、日本人だけなんです

ベートーヴェンの交響曲第5番を「運命」と呼ぶのは、今では日本だけです。これは、ベートーヴェンが「冒頭の4つの音が運命の扉を叩く」と言ったという逸話から生まれたニックネームで、昔は日本以外のいくつかの国々でも短い期間、運命交響曲と呼ぶことがあったようです。現在は僕の知るかぎり、外国人には「運命」と言っても日本のようには通じません。

留学したころは、「運命」なんて当たり前のように呼ぶのは日本だけだから、やめるべきだなんて思ってたけど、今ではこの名前がよく定着したなぁと感心するし、それはそれで良いと思っています。ニックネームについては、お客さまにはあとで説明すればよいことですから。とにかく、一人でも多くの方々に聴いていただくことが、いちばん大切なのです。

　このニックネームのおかげで、この曲はたくさんの人に知ってもらえたわけだし、日本ほどこの曲をコンサートで取り上げる国はない＝この傑作を指揮するチャンスがたくさんある、というわけです。もっともこの曲を指揮するのは、前述したように神経を使うし体力がいるので、すごく疲れますが……。

　日本独自のニックネームというと、わかりやすいのがショスタコーヴィチの交響曲第5番「革命」。誰がつけたのか知りませんが、〝運命〟の二〇世紀版で〝革命〟……、なんと安直なんだろう。でも嫌いじゃありません。なにを隠そう、僕は中学一年生のころにこの名前に惹《ひ》かれて、初めてショスタコーヴィチを聴いて感動したのです。「革命」の名前がなきゃ、ショスタコーヴィチを知るのはもっとあとだったのは間違いありません。

　それに、このショスタコーヴィチの交響曲第5番は、終楽章の最後で「勝利の音楽に聴こえるが、じつは勝利を否定している」という、当時のソ連体制に対する批判が秘められた、革命的な交響曲だと僕は確信しています。だから、よけいこの「革命」というニックネームを嫌いになれないのです。

マーラーのいくつかの交響曲にも、日本独自のニックネームがつけられています。一九七〇～八〇年代によく使われた第4番の「大いなる喜びへの賛歌」や第7番「夜の歌」は、あまりに曲の本質とかけ離れていて、いかにも当時、レコードを売るために生まれたようないい加減なニックネームですが、最近は使われていないようです。僕もこの二つのニックネームは好きになれない、というか呆れてしまいます。

その一方で、第8番の「千人の交響曲」は、大袈裟《おおげさ》だけどすごい大編成の交響曲なのは事実だから、嫌いじゃありません。

第1番「巨人」は、じつはマーラー自身がつけたニックネームです（すぐにマーラー自身がこのタイトルを使うのをやめる）。友人のアドバイスで、当時流行していたジャン・パウルの同名の小説からつけられましたが、小説の内容とはまったく関係ありません。

僕は「革命」のときのショスタコーヴィチ同様、この「巨人」のタイトルに惹かれてマーラーを初めて聴いたので、今でもこのタイトルは嫌いじゃないというか、じつは好きです。

ところで、この「巨人」のタイトルを今でも使っているのは日本だけかと思っていましたが、最近整理して出てきた、僕が英国のボーンマス交響楽団と一九九六年にこの1番を取り上げたときのプログラムを見てびっくり。ちゃんと「Titan（巨人）」とあるのです。

もしかしたら今でも日本以外の国で、けっこう使われているのかもしれません。


二〇一九年八月、関西フィルハーモニー管弦楽団が芸術提携を結んでいる東大阪市に、文化創造館という素晴らしいコンサートホールが誕生しました。

こけら落とし公演のメインに、このマーラーの交響曲第1番「巨人」を選んだのですが、チラシやプログラムに「巨人」のタイトルをつけるべきではない、と真剣に僕にアドバイスをくださる方がいました。曰《いわ》く、

「関西は熱狂的な阪神タイガースファンが多いから、ジャイ

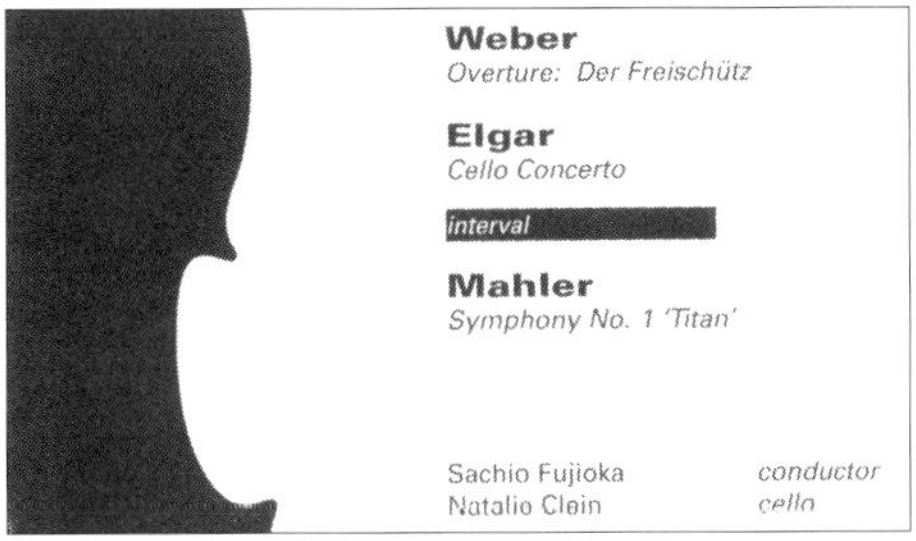


ボーンマス交響楽団のパンフレットには、
「Titan（巨人）」とありました……。

アンツを連想する〝巨人〟という名前はよくない……」。

こういう関西人の感覚って大好きだなぁ（笑）。結局この演奏会は「巨人」のタイトルを使い、チケットは発売四〇分で完売しましたが。（笑）

前作でも書きましたが、交響曲以外でも、たとえばヴェルディのオペラ「椿姫」やエルガーの「威風堂々」も原題とはまったく違う日本だけのタイトルで、そういったタイトルはほかにもたくさんあります。

僕は、目くじらを立ててまで日本独自のニックネームをやめる必要はないと思っています。とくにこれからクラシックファンが減るかもしれないという状況で、聴く人を増やすために、日本独自の愛称があってもかまわないじゃないか!?

きっと天国の作曲家たちも、自分の作品を東洋の遠い国で多くの人びとに聴いてもらうためなら……、と苦笑いして許してくれるのでは？　と思うのであります。

ところで余談ですが、ベートーヴェンの交響曲第3番「英雄（Eroica）」は、作曲者自身がつけたタイトルです。

この交響曲の原題は「Sinfonia Eroica」ですが、明治の初め頃、日本人はなんと！「恋愛交響曲」と呼んでいたそうです。「eroica」は辞書に載っておらず、「エロ」から出てくる言葉の訳を参考に、品よく「恋愛」となったらしい。なんとも微笑ましいですね。



▶東大阪市文化創造館

僕は東大阪市の特別顧問をしていて、この大ホールの建設が決まったときから委員会に参加。僕がお願いしたことをすべて実現してくださり、素晴らしい音響になりました。

# ロンドンの風物詩「プロムス」にデビュー

一九九四年にBBCフィルハーモニックの副指揮者に就任してすぐ、ロンドンの風物詩「プロムス」にデビューするビッグチャンスがやってきました。

一八九五年にはじまった歴史あるこのコンサートシリーズの正式名は「ヘンリー・ウッド・プロムナード・コンサート」で、現在は略して「BBCプロムス」と呼ばれる大人気コンサートシリーズです。

ヘンリー・ウッドは英国を代表する指揮者で、第一回から

参加。「通常のクラシックコンサートよりチケットを安く、親しみやすい雰囲気で」と夏休みにはじめられ、現在はなんと八週間、毎日コンサートが開催されています。

英国内のオーケストラだけでなく、海外のオーケストラも参加。このコンサートシリーズから多くの素晴らしい新作も生まれています。そして毎年、海外からこのプロムス目当てに観光客もたくさん訪れるという、ロンドンの夏のビッグイベントなのです。

会場はロイヤル・アルバートホールで、収容人数は七〇〇〇人。いちばん良い一階席のエリアは、なんと席がなく立ち見（空いてるときは、寝転んだり歩き回れる）で、チケットがいちばん安く、僕が指揮した当時で五〇〇円くらいでした。

▶ロイヤル・アルバートホール

毎年夏に開催される、世界最大級のクラシック・フェスティバル、BBCプロムス。
BBC Proms 2015 Panorama inside (1)
©:Domdomegg
(Licensed under CC BY 4.0)

このプロムスでデビューできると、ステイタスが上がり仕事が増えるので、副指揮者になっていきなりこの大舞台で指揮できることになり、最高にうれしかった。

本番当日、ロイヤル・アルバートホールは超満員で、一階の立ち見席も人があふれ、すごい熱気。

プログラムのメインはラフマニノフの「交響的舞曲」。オーケストラもすごいテンションで僕のデビューをサポートしてくれて、結果は大成功。会場は熱狂的に盛り上がりました。

このとき、いろいろなオーケストラのマネージャーが聴きにきていて、各オーケストラに客演することが決まっただけでなく、英国のCD名門レーベル「シャンドス」の社長ラルフ・カズンが聴きにきてくれて、

「なんでもサチオの好きな曲でCDをつくろう」

プロムスデビューのあと、ポスターにサイン。隣はロイヤル・アルバートホールのディレクター、マルコム。

とCDデビューまで決まったのです。

まだデビューしたばかりの僕をなんとかしてやろうと、盛り上げてくださったＢＢＣフィルのメンバーやマネジメントスタッフの皆さんには、今でも本当に心の底から感謝しています。

こののちも、ＢＢＣフィルはさまざまな素晴らしい機会を与えてくださって、それが僕にとっての大きな糧となっているのです。

BBCフィル首席チェロ奏者のピーター・ディクソンと、奥さまで第1ヴァイオリンのクレア。大の仲良し。ピーターは素晴らしい奏者で、吉松隆さんは彼のためにチェロ協奏曲を作曲しました。

# 作曲家吉松隆さんとの出会い

プロムスのデビューを聴きにきてくれた名門レーベル「シャンドス」社長のラルフ・カズンが「なんでもサチオの好きな曲でCDをつくろう」と約束してくれました。

僕のマネージャーのニック・マサイアスや、僕を可愛がってくれたBBCフィルハーモニックのボス、トレバー・グリーンからは「サチオが得意なストラヴィンスキーの『春の祭典』かチャイコフスキーの『悲愴交響曲』にしろよ」と強く薦められましたが、僕は「ヨシマツをやらせてください！」と言い張りました。

僕の師匠渡邉《わたなべ》曉雄《あけお》先生の口癖は、

「我々音楽業界の人間は、過去の作曲家たちのおかげでメシを食ってる。その恩返しを今の作曲家たちにするのが我々の義務だよ」

で、先生が亡くなる直前、病室で最後のレッスンをしてくださったときも、

「英国に留学するときに、日本人作品の楽譜やCDをできる限り持っていって勉強しなさい。これは義務だよ」

と強く言われていて、暁雄先生の遺言でもあったのです。

留学してから、日本からできる限り多くの邦人作品のスコアやCDを送ってもらって聴いたのですが、そのなかで吉松隆さんの「朱鷺《とき》によせる哀歌」には心底感動しました。あまりの美しさに涙があふれ、「僕はこの人に人生の全部はもったいないけど、半分は捧《ささ》げよう」と真剣に決心したのです。

当時、吉松さんは難解な現代音楽に独り反旗を掲げ、「現代音楽撲滅協会」の設立を叫び孤高の闘いを続けていました。プログレッシブ・ロックに影響を受けた吉松さんの音楽は、息を呑むような美しさとロックのような熱狂的な世界が共存しているのが大きな魅力です。

海外ではまったく知られていないヨシマツをどうしても録音させてください！　と頼む僕に、ラルフが、

「ヨシマツは良い作曲家なのか？」と質問するので、

「グレート・コンポーザーです」と答えると、ラルフは笑って、

「オーケー、サチオを信じよう」。

これで吉松隆さんの作品でのCDデビューが決まりました。

ちなみに、吉松隆さんが偶然にも僕の高校・大学の先輩だと知ったのは、このCDデビューが決まってからです。まったく面識もなくて、初めて会話したのが英国からの国際電話。このときは、「ぜひとも吉松さんの交響曲を録音させてください」とお願いしたら、「いいよ。録音したら送ってね」と、そっけなく電話を切られてしまいました。

僕はまったくの無名だったし、吉松さんはこのとき、英国にいる日本人留学生がアマチュアオケでカセットに録音する程度だと思ったそうです。このあと、僕が指揮研究員をしていた日本フィルハーモニー交響楽団が吉松さんにちゃんと経緯を説明してくれて、翌年の七月に行われた録音セッションには英国に喜んで来てくれました。

僕が録音に選んだのは、交響曲第2番「地球（テラ）にて」、ギター協奏曲「ペガサス・エフェクト」「朱鷺によせる哀歌」。

いよいよセッションがはじまると、BBCフィルは交響曲の演奏からノリノリでエキサイティング。ギター協奏曲も楽しく、「朱鷺によせる哀歌」では、その美しさに何人かのプレーヤーの目に涙が光ったのです。その期待以上の素晴らしいセッションに感激でした。

吉松さんが大きな影響を受けたプログレッシブ・ロックは英国では大人気で、〈芸術〉と認められていたから、吉松さんの音楽は喜んで受け入れられたのです。

まったく面識がなかった吉松隆さんとはすぐに意気投合して、毎晩ホテルや僕のフラット

（アパート）でよく飲みました。

録音がすべて終わると、中華街の怪しい日本料理屋（日本人スタッフは、アルバイトでウェイトレスをしていた僕のカミさんだけ）で、夕方早い時間から閉店する夜中まで飲み続けたのも楽しかった。


このときは実際にどんなCDになるかわからず、夢のようでもありました。

美味しくない和食をつまみに日本酒を飲みながら、

「本当にCDになるのかなぁ……」と言う僕に、吉松さんが、

「じつは、世界の音楽全集の一枚だったりして?」（笑）

「ジャケット写真が富士山だったらヤダなぁ……」

「芸者か大仏の写真かもよ」

「でも本当にCDになるならまぁいいか……」



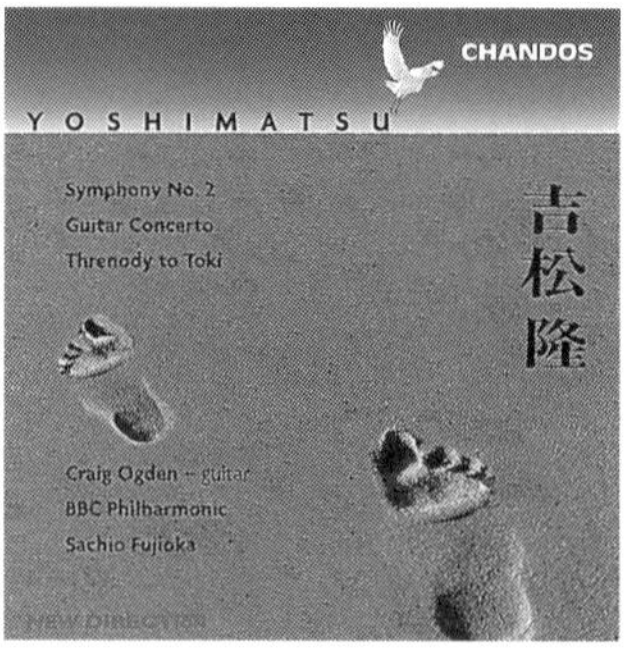


吉松隆『Symphony 2 ／ Guitar Concerto ／ Pegasus Effect』藤岡幸夫（指揮）
ＢＢＣフィルハーモニック
規格番号：MCHAN9438　発売：1996年4月

シャンドスから出した最初のCD。この録音が認められて、吉松さんの新作・旧作を問わず、すべての管弦楽作品を録音する契約に発展しました。結局、全部で7枚の吉松隆作品のCDをシャンドスからリリース。

なんて会話をしていたのをよく覚えています。

結局、CDは最高の形で発売され大好評。しかもシャンドスとＢＢＣフィルが吉松さんをすごく気に入ってくれて、「ヨシマツのこれまでのオーケストラ作品のすべてと、これからの新作すべてをフジオカと録音する」という契約を結ぶことになったのです。

海外の名門レーベルが、海外の一流オーケストラと邦人作品の新作を含めたすべてを録音するという契約は前代未聞で、最高にうれしかった。しかも新作に関しては、いっさいの制限なし。

吉松さんが、好きな時に好きな編成で、好きなジャンルの曲を好きな長さで書ける。書き上がったらすぐに僕の指揮でCD録音してくれる、という夢のような契約だったのです。

吉松隆さんとの話はキリがないので、追々いろいろなエピソードを紹介したいと思っております。

# イングリッド・ヘブラーの想い出



BBCフィルハーモニックの副指揮者に就任してすぐ、マンチェスター・カメラータの首席指揮者にも就任することになりました。

マンチェスター・カメラータは、ふだんはソロや室内楽活動をしている奏者が中心となった、非常にクオリティの高い室内楽団として英国で評価されていました。僕はすでに定期演奏会で共演して上手《うま》くいっていたので、この話をいただいたのです。

契約した本番回数は毎年三〇本とかなり多く、すごくうれしかったし、ファーストヴァイオリン八人という室内オケとしては大きな編成。ハイドン、モーツァルトはもちろん、ベートーヴェンやメンデルスゾーン、シューマンや、ときにはブラームスまで取り上げることができて、すごく勉強になりました。

就任してすぐ翌年の一九九六年に、僕の憧れだったイングリッド・ヘブラー（一九二九〜）と共演することが決まり、躍り上がって喜びました。

ウィーンのピアニスト、ヘブラーは、一九七〇年代から日本でも大人気で、モーツァルトといえばヘブラー。評論家が推薦するモーツァルトのレコードには、必ずといってよいほどヘブラーの名前が上がるスター・ピアニストで、僕も大ファンだったのです。

▶僕を首席指揮者に呼んでくれたマンチェスター・カメラータのジョン・ウィブリー夫妻とカミさん。５年間毎年30本を指揮できて、すごく勉強になった。

イングリッド・ヘブラーと。

いよいよ共演の日。
その素晴らしい演奏に、リハーサルから鳥肌が立ちました。そしてお人柄も本当に素晴らしく、驚くくらい謙虚。ちなみに、これまで共演してきた世界で一流といわれる方々は、共通して皆さん、お人柄がすごく魅力的。誰に対しても決して横柄な態度をとらず、そして指揮をよく見てくださいます。

コンサートは同じプログラムで四日間連続。毎回それはそれは美しく品格高いパフォーマンスで、至福の時間でした。それに毎回ヘブラーは、自分の出番のある前半を弾き終わると、後半はなんと客席で、僕の振るリヒャルト・シュトラウスの「メタモルフォーゼン」を聴いてくださいました。終演後には、満面の笑みで的確なアドバイスとともにほめてくださり、デビューしたばかりの僕は大いに勉強になり、そして自信もついたのです。

四日目は初めて行く田舎の町のコンサートでした。地元の名士がヘブラーの熱烈なファンで企画されたのだけど、ホールに到着してびっくり。場末のほとんど使われていない映画館（ショーも催されるのでステージもある）で、しかもそこで用意されていたグランドピアノはすごく小さくて傷だらけ……。これにはオーケストラ団員全員がショックで、皆へブラーは怒って帰るのではと、心配しながらステージでへブラーの到着を待ちました。

リハーサル開始時間にステージにやってきたへブラーは、ピアノを見て両手を上げてちょっとびっくりして苦笑い……。

椅子に座りサラッと音を出すと、僕に向かって、

「サチオ、これはピアノじゃないわ……。今日はリハーサルはなしにして、私と彼（ピアノをそう呼んでいた）と二人だけにしてくれる？」。

皆は心配しながら楽屋に戻りましたが、へブラーはステージで開場ギリギリまでピアノを弾き続けました。

調律されているから音程は合っているものの、アクションが古く衰えていて、同じ強さでタッチをしても、音によって強かったり弱かったりしてしまうのです。

ヘブラーはその鍵盤の癖を覚えるために、本番まで徹底的に弾き込んだのです。薄暗いステージ上での誰も近づけないその厳しい後ろ姿は、今でも目に焼きついています。

そして本番……。

モーツァルトの変ロ長調協奏曲の美しい前奏が終わり、ヘブラーがソロを弾きはじめた途端、団員全員が驚愕で顔を見合わせました……。その清澄で優しい音色は、とてもさっきのピアノとは思えない……。団員は喜びの笑顔で、まったく響かないおよそクラシックには向かないステージ上で、できる限りの美しい音でヘブラーに応えようと集中しました。

楽章のあいだでは、コンサートマスターが小声で「サチオ、違うピアノに代えることができたのか?」と聞いてきたくらい。その傷だらけの小さなピアノから、予想外に美しい音色が流れてきたのです。

協奏曲が終わると、満員のお客さまは大歓声! もちろんお客さまはどんな状態のピアノだったか何も知らず、純粋にその演奏に感激していました。

カーテンコールで袖に戻ると、僕は六七歳になる太った大きな身体をしたヘブラーに抱きつき、

「すごいすごい！　奇跡です！　魔法だ！　本当に素晴らしい！　感動しました！」

と、あらゆる言葉で感激を伝えました。

そのとき、ヘブラーはニッコリしながら僕に「Of course, I am professional !（もちろん、私はプロですから）」とひと言。

この言葉は、デビューしたての僕にとって強烈でした。

普通だったら怒って帰るか、ピアノを代えるように指示してもおかしくないのに、ヘブラーはピアノを見た瞬間から本番で弾き終わるまで、ひと言も文句も悪口も言わなかった。

そして満面の笑顔で「Of course, I am professional !」のひと言……。本当のプロとはこういうことか……、僕は言葉が出ないほど感動したのです。

マネージャーさんから聞いたのですが、ヘブラーはコンサートを契約した時点で「どんな状況でも自分の責任。与えられた環境の中で最高のパフォーマンスをするのがプロの仕事」と、それまでどんな時も一度もマネージャーさんにも文句を言ったことがなかったそうです。

終演後のヘブラーとの楽しい食事もまた至福の時間でした。

彼女との時間は僕にとって、今でも神さまからの最高のプレゼントだと思っているのであります。

マンチェスター・カメラータのシーズン・プログラムのパンフレット表紙

# シューベルトのあまり知られていない話

マンチェスター・カメラータの首席指揮者に就任していちばん良かったのは、シューベルト（一七九七～一八二八）の作品をたくさん取り上げて、大好きになったことです。

シューベルトは、室内オーケストラにとって大切なレパートリーがたくさんある作曲家です。それまで僕は、シューベルトとは距離があったのですが、カメラータとの活動で一気にもっとも大切な作曲家のひとりになりました。

夢遊病、精神分裂、幻覚症状、狂気、熱狂……。のちに「未完成」と呼ばれる交響曲を書きはじめて以降のシューベルトの様子を友人たちが表現した言葉です。

一八二二年、シューベルトは交響曲第7番「未完成」を書きはじめてすぐ梅毒と診断されました。当時、それは余命あとわずかを意味していて、二五歳の彼は絶望のどん底に突き落とされます。神経衰弱になり悲壮な詩も書き残しています。これはその一節。

……ちりにまみれて死にのぞみ心痛の極みの犠牲となり我が一生悔いの歩みのうちに
永遠の滅亡に堕ちてゆく……

（マルセル・シュナイダー著『シューベルト』芸術現代社）

結局シューベルトは、この交響曲の第3・4楽章を作曲する気力を失ってしまい、第2楽章の最後で奇跡的な和声進行により、まるで天国へ逝ってしまうかのように完結して、未完成交響曲が生まれたのです（と僕は確信しています）。

このころ、治療のために頭髪を剃《そ》り、カツラをつけていて、幻覚や頭痛が酷《ひど》く、死の恐怖と闘い深酒をするようになりますが、結局シューベルトを救えたのは作曲だったのです。

梅毒と診断され天国へ逝くまでの六年間、想像を絶する苦しみと闘いながら多くの至高の傑作が生まれます。

すでに余命はあとわずかと覚悟していたシューベルトが、天国に逝く数年前に完成させた交響曲第8番「ザ・グレート」は、残りの人生を精一杯楽しく生きようと明るく力強い。終楽章では、最後の「死んでたまるか！」と叫んでるような「ド」の音の叫びが強烈です。

最後の年には、三大ピアノソナタ、弦楽五重奏曲、ミサ曲第6番変ホ長調の大傑作のほか多くの小品を生み出し、それはもうただ驚くばかり。そしてその作品の多くに、美しさとともに、悲しみと狂気が潜んでいます……。

天国へ逝く三か月前に体調が悪化し、死期を自覚したシューベルトは、ミサ曲の作曲をはじめ、フーガを駆使して神にすがり（歌う方は大変だが、それはシューベルトの苦しみと祈りでもあります）、ときに斬新な和声進行と *fff*（フォルティッシッシモ）と *fz*（フォルツァンド）で神を呪います。

そしてなんと！　未完成交響曲もグレート交響曲もこの変ホ長調のミサ曲も（どれもすごい傑作！）、シューベルトの生前一度も演奏されていないのです！

ベートーヴェンは新作が演奏されてから手を加えて、何度もスコアを修正して作品を完成させたのに対して、シューベルトは最初からすでに完成されたスコアを書いていたことになるし、シューベルトが多くの傑作を残して亡くなったとき、三一歳！　ベートーヴェンがようやく交響曲第1番を作曲したのが三〇歳だったことを考えると、シューベルトの才能がいかにすごかったのかがわかると思いませんか？

マンチェスター・カメラータとの活動で、僕はそれまであまり興味のなかったシューベルトにどんどん惹《ひ》かれるようになりました。

シューベルトの室内楽を好んで聴くようになったし、初期の交響曲も指揮するようになりました。そして、晩年の交響曲第7番「未完成」や第8番「ザ・グレート」はもちろん、亡くなる直前に作曲した変ホ長調のミサ曲を好んで取り上げるようになったのです。

# シューベルトのミサ曲第6番変ホ長調



ミサ曲第6番は、シューベルトが天国に逝ってしまう数か月前に作曲された傑作で、体調が悪くなりはじめたシューベルトが、自分の死を意識して作曲したと僕は確信しています（調性も神聖とされる変ホ長調）。

シューベルトのミサ曲は教典とは関係なく、自由に言葉を繰り返したり省いたりしていますが、とくにこの6番ではその特徴がはっきり出ています。

たとえば、シューベルトのもっとも尊敬するベートーヴェンも「ミサ・ソレムニス」や第九で、教典やシラーの詩の原文を削除したり特定の言葉を強調することで、原文の本来もつ意味と関係なく、自分の感情を表現している箇所が少なくありません。

また、シューベルトのこのミサ曲では、歌詞だけでなく和声進行が斬新で、当時としては不協和音が多くて、驚かされる箇所がたくさんあるのも大きな特徴です。
オーケストレーションもミサ曲に関わらずティンパニが活躍するなど、当時としては新しいアイディアがみられます。

一曲目の「キリエ」は、大胆な和声進行を使いながらのその深遠な美しさは絶品。

二曲目の「グローリア」は、冒頭からアカペラ（合唱だけ）で力強く歌われ、一曲目の「キリエ」では使われなかったティンパニとトランペットが加わり、オーケストラが華やかに響きます。
「Gratias agimus～」と歌われるところでは、歌曲風の美しい旋律が表れ、チェロが素晴らしい対旋律を奏でますが（この6番ではチェロが独立して活躍する箇所が多いのも特徴）、ここはミサ曲っぽくなく歌謡的で、逆に人間味が感じられるコントラストです。

三曲目の「クレド」に、僕は個人的にベートーヴェンの「ミサ・ソレムニス」の影響を強く感じます。この意見は、ほかの人が言うのを聞いたことないし、僕の知る限りの文献でも読んだことはないけど、まず間違いないと思っています。

ベートーヴェンは交響曲第8番を作曲したあと、心の支えだった恋人を失い（その女性はのちに不滅の恋人と呼ばれます）、パトロンを失い、医師から当時は不治の病だった肺結核と診断され（ずいぶんあとになって誤診だったとわかる）、失意のどん底に落とされます。さらに甥のカルルの問題も抱え、創作意欲のなくなったベートーヴェンが復活するまでには約七年かかるのですが、復活のきっかけは神でした。

ベートーヴェンは死の恐怖と闘いながら（多くの言葉が残されており、その悲痛さは有名な「ハイリゲンシュタットの遺書」の比ではない）、それまで教会に足を運ぶことがほとんどなかったのに、初めて神にすがりました。そして「ミサ・ソレムニス」を作曲しながら復活したのです。

そして、そのとき最初に作曲をはじめたのが三曲目の「クレド」で、しかも最後の「来世の生命を待ち望む」という箇所からでした。
ベートーヴェンはこの言葉に救いを求め、ひたすらこの言葉を繰り返し強調します。自筆譜にはなんと！　この言葉の箇所に「光輝くように！」という書き込みまで残っているそうです。そして、結果的にこの「クレド」は、本来教典のもつ意味とは違った音楽になっています。

ベートーヴェンを敬愛していたシューベルトは、当然「ミサ・ソレムニス」を知っていたはずです。このミサ曲第6番の「クレド」もまた、教典にとって大切な箇所が削られ、ベートーヴェンのときと同じ言葉がフーガを使って何度も何度も強調されます。シューベルトも「来世の生命を待ち望む」という祈りに救いを求めたのです。

（ちなみに第5番のミサ曲では、シューベルトはまだ病気に侵されず元気だったので、この最後の言葉は二回繰り返されるだけです）。

また、キリストが生誕する場面ではチェロが再び美しい旋律を奏で、キリストが十字架に磔《はりつけ》にされる場面ではppp（ピアニシッシッシモ）からfff（フォルティッシッシシモ）まで使って劇的に表現されていて、この「クレド」も素晴らしいコントラストで作曲されています（ここでも大胆な和声進行にたびたび驚かされます）。

四曲目の「サンクトゥス」では、ときにまるで神を呪っているかのように聴こえます。こんな悲劇的に響く「サンクトゥス」なんて　初めてスコアを読んだときはすごい衝撃でした。三一歳という若さで命を奪われようとしている若者の、悲痛な叫び声のよう……！

五曲目の「ベネディクトゥス」は天上的に優しく美しく……、そして第六曲「アニュス・デイ」は悲しみに満ちたフォルテではじまります。

平和を願う深い想いと、まるで死の恐怖と闘っているかのような音楽が交錯しますが、fz や fff の指示が多く、ミサ曲とは思えないような激しい「アニュス・デイ」……。最後は美しい祈りで終わるのですが、この最後は半分あきらめのように悲しく響いている、と僕は感じてしまいます……。

シューベルトは、この美しくも激しいミサ曲を作曲して約三か月後に天国へ逝ってしまいますが、それはベートーヴェンが亡くなった翌年でした。そして、未完成交響曲やグレート交響曲と同様に、このミサ曲もシューベルトが生前聴くことはなかったのです。すごいことだと思いませんか……？

興味ある方はぜひとも聴いてみてください！

# ルトスワフスキとの衝撃的な出会い

英国マンチェスターの王立音楽大学（ＲＮＣＭ）に留学して三年目、ＢＢＣフィルハーモニックとデビューする前の一九九三年の春に、英国から「サー・チャールズ・グローヴス記念奨学賞」をいただきました。

二年間も多額の奨学金をいただけるだけでなく、ロイヤル・フィルハーモニー管弦楽団やハレ管弦楽団など英国の名門オーケストラに客演できる、という素晴らしい賞です。

この賞は本来「EC諸国出身の若い指揮者」に限定されていて、書類選考されたEC諸国の三五歳以下の指揮者約三〇人が、三日間のオーディションを受けに英国にやってきたのですが（オーディション会場はＲＮＣＭ）、合格該当者がいなかったのです（ちなみにECはEUの前身です）。

当時僕は、ＲＮＣＭのオペラシリーズ（学内のオペラハウスで行われる、セットも衣装も豪華な本格的な興行で、毎年四演目を各四公演実施していました）で、マスネの歌劇「シンデレラ」を指揮していました。そのリハーサルと本番を見学した審査員の皆さんが、フジオカは日本人でEC諸国出身ではないけど特別に、とこの賞をくださったのです。なんとも幸運でした。

受賞の最初のご褒美として、マンチェスターで開催される「ルトスワフスキ・フェスティバル」（ルトスワフスキ〈一九一三〜九四〉は当時大人気のポーランドの作曲家）で、作曲者の目の前で「管弦楽のための協奏曲」を指揮する機会を与えてくださいました（オーケストラはＲＮＣＭの学生オーケストラ）。

ルトスワフスキと。彼との会話の内容は、当時の僕にとって衝撃的でした。素敵な思い出です。

ルトスワフスキは、このフェスティバルでハレ管弦楽団を指揮するために、すでにマンチェスターに滞在していて、僕はそのハレ管弦楽団とのリハーサルを見学したあとに、この曲に対するたくさんの質問を抱えて、ルトスワフスキの楽屋を訪ねました。

ところが、ルトスワフスキは僕が彼の「管弦楽のための協奏曲」を振ると知りながら会おうとせず、楽屋の前で女性の秘書から「マエストロはあなたとはお会いしません」と、断られてしまったのです。

そのときは「このクソオヤジ〜、あぁそうですか！　僕は勝手に好きなように振ります！」と頭にきて、いよいよ本番。

コンサート終了後、ルトスワフスキはニコニコしながら僕のところにやって来て（ちゃんと、コンサートには来てくだ

マンチェスターの歴史あるフリートレードホールの老朽化に伴い、1996年にオープンしたブリッジウォーター・ホール。ハレ管弦楽団、BBCフィルハーモニック、マンチェスター・カメラータのメインの定期演奏会が催される。
https://www.bridgewater-hall.co.uk より

さっていたのです）、

「本当に素晴らしかった。ありがとう」。そして、

「私がなぜ、あなたにこの前会わなかったか、わかりますか？作曲者が一つの曲を書き終えたとき、その曲は作曲者から離れて演奏者にゆだねられるのです。

私はルトスワフスキ、あなたは無名の若手指揮者。私が何か言えば、あなたは大きな影響を受けてしまうでしょう。それは良くありません」。

僕はかなり感動して、

「ありがとうございます。ところで第2楽章はメトロノーム指定の速さより、遅くて申し訳ありません」

ブリッジウォーター・ホール
https://otomamire.com/highest-world-concert-hall/bridgewater より

と言うと、彼は、

「いいえ、あのTempoで良かったですよ。あのメトロノームの速さは速すぎます」。

「どなたが、あのメトロノーム指定をお書きになったのですか？」と僕が聞くと、

「私が、書きました。でも速すぎます。いいですか、作曲者の書いたメトロノームなど、信じちゃいけませんよ」。

僕は「……」。

このあと、この作品の細かいことについていろいろ話をして、最後に、

「今日は久し振りに自分の曲を楽しめました」と言ってくれて別れたのです。

このときのルトスワフスキとの会話は、当時の僕にとって、かなり感動的でもあり衝撃でもありました。

その後、BBCフィルと毎月のように新作の初演を放送用録音や演奏会でするようになったのですが、このときのルトスワフスキの言葉を大切にして、作品に接するように心がけました。

ブラームスも自分の作品を演奏する奏者に対して、「好きにやっていいよ」が口癖だったのは有名な話ですし、僕がこれまで接してきた多くの作曲家の皆さんからも同じような言葉をいただきます。

作曲家が「好きにやっていいよ」と言うのは、その作品をよく勉強して理解して、ちゃんと愛してね！　という意味でもあるのです。

余談になりますが、ベートーヴェンと同じ時代に生きたノッテボーム（一八一七〜八二）の著書『ベートーヴェニアーナ』に、興味深いことが書いてあります。

ベートーヴェンは自身の交響曲第7番を他人が指揮するのを聴いていつも「速すぎる」と感じていて、「自分のメトロノーム指定が速すぎたからだ」と発言したそうです。

（ベートーヴェンは当時難聴でしたが、テンポは判断できたようです）。

ベートーヴェンのメトロノーム指定が速すぎるのはよく言われることですが、ベートーヴェン自身もそう思っていたという事実は、たいへん興味深いですね。

余談ですが、僕が英国にいたとき、多くの英国人はルトスワフスキ（Lutosławski）を「ルトスラウスキ」と、英語読みで発音していました。僕も日本で、英語読みで発音したら笑われてしまったのですが、よく考えると日本人だって、た

自宅で偶然見つけた『ベートーヴェニアーナ』（グスターフ・ノッテボーム著、武川寛海訳、音楽之友社、昭和45年刊）

とえば中国の政治家の習近平や温家宝を「シュウ・キンペイ」「オン・カホウ」と日本語読みします。おもしろいですね。

当時（最近は変わったかもしれません）、英国人の英語式発音はほかの作曲家についてもいろいろあって、最初は戸惑いました。

たとえば、ドイツの作曲家リヒャルト・シュトラウス（Richard Strauss）をリチャード・シュトラウスと発音したり、フランス／スイスの作曲家オネゲル（Honegger）を「ホネガー」と発音します。さすがにちょっと抵抗ありますね。（笑）

INTERMISSION:01

## 忘れ物の話①

僕はこうみえて忘れ物は少ないほうだと思います。それでもデビュー以来たまに忘れるのが、ズボン吊り（サスペンダー）と靴下。ズボン吊りを忘れたときは、団員さんや楽団が持っている予備を借りるか、なければ見えないようにベルトをします。靴下は、日本ではコンビニに売っているので便利。

以前、オーストラリアのアデレード交響楽団の演奏会で、ピアニストのスティーブン・コヴァセビッチと共演したときの話。

スティーブンが本番前に僕の部屋に恥ずかしそうにやってきて、「サチオ、靴下持ってない？」と聞くので、僕はたまたま予備を持っていて貸してあげました。

このときは、ベートーヴェンのピアノ協奏曲第2番だったのですが、本番でニコニコしながら必要以上に僕の指揮を見てくれて楽しかった。

翌週、同じくオーストラリアで、パースの西オーストラリア交響楽団との演奏会があったのですが、ソリストはまた同じスティーブン。リハーサル前に僕の部屋にやってきて、満面の笑顔で洗った僕の靴下を返してくれて、そのうえ買ったばかりの素敵な靴下もプレゼントしてくれました。

当時、スティーブンはCDをたくさん出していて日本でもよく知られていたし、英国やオーストラリアではスター。それでも気取ることなくお人柄はとってもチャーミング。なにより素晴らしいピアニストでした。

スティーブン・コヴァセビッチと。

このときの演奏会では、プレゼントされた靴下をはいたのですが、とっても上手《うま》くいって「この靴下は縁起が良い」と、穴があくまで一〇年近く大切な演奏会で使いました。

井上道義さん
© 飯島隆

尊敬する大好きな指揮者の井上道義さんにも思い出があります。

まだ僕がデビューする前の話。道義さんがロンドンのロイヤル・アルバートホールで、ロイヤル・フィルハーモニー管弦楽団とマーラーの交響曲第2番「復活」をするというので、当日のリハーサルから聴きにいきました。


とってもエキサイティングなリハーサルが終わり、道義さんの楽屋にうかがうと、

「大変だ、サスペンダー忘れちゃったよ！　買いに行くから付き合って！」

と、二人でホールの外に飛び出しました。


ところが、この日は日曜日。当時、英国では日曜日はお店はどこもお休み。二人でロンドンの街中を駆け回ってもサスペンダーは見

つからず、それでもあきらめない道義さんが、「あそこだ！」と指をさして叫んだお店がディズニーグッズのお店でした。

道義さんはお店に入ると、さっそくミッキーマウス柄の太くて赤い（黄色だったかもしれない？）サスペンダーを見つけて得意顔。道義さんの愛称はミッキーなので、よけいうれしかったのかもしれません。

本番は、道義さんとロイヤルフィルの演奏が素晴らしかったのはもちろん、燕尾服の下のミッキーマウスがしょっちゅう見えてとっても微笑ましく、今でもその光景はよく思い出します。

# メトロノームは目安？

メトロノームは、一八一五年に機械技師のメルツェルが発明した機械です。

この発明にベートーヴェンは大喜びで、それまでに作曲していた八つの交響曲の各楽章にメトロノームでテンポ指定をして、音楽新聞に掲載しました。

ただ、ベートーヴェンの交響曲のメトロノーム指定は、あまりに速すぎて演奏不可能だったり、不自然に感じる場合が少なくありません。当時はまだ発明されたばかりで、機械が精密とはいえなかったのも理由のひとつです。

ベートーヴェンに限らず、多くの作曲家がスコアにメトロノームのテンポ指定をしていますが、「？・？・？・」な場合が多い。

机上のテンポ感覚と実際に音を出しているときのテンポ感覚は違うし、ホールの音響によってもテンポ感覚は違います。また、メトロノーム指定を書き込んだときの作曲家のご機嫌も、かなり左右すると思われます。

そんななかで、メンデルスゾーンはメトロノームのテンポ指定にこだわったようです。彼は当時のメトロノームが不正確なのをよく知っていて、メトロノームを何台も所有していました。そして、それぞれのメトロノームのテンポを比較した平均値を出版社に送っています。

たとえば、メンデルスゾーンの交響曲第3番のメトロノーム指定は、かなりしっくりきます。それでも第4楽章のテンポ指定は速すぎて、ほとんど演奏不可能ですが。

マーラーは、「自分の曲を指揮しても昨日と今日では全然テンポが違うのだから、メトロノームでテンポ指定なんてできない」と言って、彼のスコアにはほとんどメトロノームの指定がありません。

「好きにやっていいよ」が口癖だったブラームスも、同じ理由で交響曲にはメトロノームの指定をほとんどしませんでした。

ところで、ショスタコーヴィチの交響曲でもメトロノーム指示がよく問題になります。ショスタコーヴィチの交響曲を作曲者の前で何度も指揮したロシアのイリヤ・ムーシン教授（一九〇三〜九九）によれば、ショスタコーヴィチは自分のメトロノーム指示は信用しないでほしいとよく言っていたそうです。

僕がよく指揮する吉松隆さんの作品でも、吉松さんが指定したメトロノームの速さとまったく違うテンポのほうが良かったりすることは、しょっちゅうあります。

ところで、以前ラヴェルのボレロを指揮したときのことです。テンポ指定は4分音符のスピードが72。これでは速いので、僕はだいたい70で指揮するのですが（これでもけっこう速いほうかもしれない）、関西フィルハーモニー管弦楽団の団員さんに、メトロノーム70の速さをチェックしてもらったら、なんと……、僕のメトロノームより彼の機械のほうがテンポが遅い（両方ともちゃんとしたメーカーのデジタル方式の製品）。あわててもう一人の団員さんのiPhoneでダウンロードしたメトロノームとを比較してみると……、iPhoneはもっと遅かった……。

現代文明でも、三台のメトロノームが違う速さだなんて！（最近は正確かもしれませんが……）

ちなみに、ラヴェル自身が指揮した録音を聴くと、なんと62ぐらいの速さで、自身がメトロノーム指定した72よりずっと遅い！　のです。

いやはや……。

いずれにせよ、作曲家にもよりますが、メトロノーム指定はあくまでも目安で、参考程度と考えたほうが良いでしょう。

# メンデルスゾーンとシューマン



シューベルト（一七九七～一八二八）に続くドイツ・ロマン派の作曲家に、一歳違いのメンデルスゾーン（一八〇九～四七）とシューマン（一八一〇～五六）があげられます。この二人は仲が良く、お互いを認め合っていましたが、性格や音楽は正反対ですごく興味深い。

たいへん裕福な家庭に生まれたメンデルスゾーンは、若いころから素晴らしい作品を生み出した天才でした。オーケストレーションも抜群で、フォルムが美しく品格が高い。

つまり「恥ずかしい」ところがないのです。

メンデルスゾーン

指揮するときも、このフォルムが崩れないようにするのが大切なことのひとつです。ただし、一歩間違えるとつまらない演奏になってしまいますが……。メンデルスゾーンの交響曲は生命力にあふれ、その高貴さと美しさに指揮台の上で息を呑むことすらあるのです。

一方のシューマンは、メンデルスゾーンに比べて不器用だけど情熱にあふれます。

そして語弊はありますが、その情熱さゆえに「恥ずかしい」ところがたくさんあるのも魅力です。

たとえば、交響曲第1番「春」の第1楽章で、最後にテンポが落ちて美しいテーマをオーケストラが歌い上げる箇所がありますが、当時としてみれば、ありえないくらいロマンティックで恥ずかしい……（だから僕はここが大好き）。

だいたい1楽章でトライアングルが出てくることもすごく

シューマン

恥ずかしい。でも、恥ずかしいからこその快感を味わえるのです……。

メンデルスゾーンの交響曲を指揮するときは、その完璧なフォルムを再現することを心がけますが、逆にシューマンの交響曲は、そのフォルムが完璧でないから指揮者にゆだねられるところが大きい。

メンデルスゾーンは指揮者としても有能で高い評価を得ていたけど、シューマンは指揮者としての評価が低かった。自己陶酔型でリハーサルの要領も悪かったのだそうです。

恋愛についても、メンデルスゾーンは冷静でした。一〇歳年下の美しいセシルと交際をはじめたとき（彼女は音楽に関してはまったくの無知だった）、わざわざ一か月ひとりで旅行をして彼女から離れます。自分の気持ちを確かめるためだったのです。結婚後は、それまで彼女とやり取りした手紙を破棄してしまいます。ただし、愛妻家だったのは間違いないようです。

一方のシューマンは、当時一流のピアニストだったクララと情熱的な恋に落ちます。クララの父親は猛反対して裁判沙汰になるほどでしたが、二人はついに結婚します。結婚してからもお互い交換日記を続け、自分の日記にクララとセックスをした日には「F」とこまめにつけていました。

女性からみて、冷静で要領がいいのがメンデルスゾーン、ちょっと面倒で不器用なのがシューマンだったのかもしれません。

メンデルスゾーンは働きすぎで、三八歳の若さで血管が破裂して死んだといわれています。シューマンは梅毒が原因で、気が狂って人生を終えました。

僕はもちろんどちらの作曲家も大好きで、ここで二人の優

シューマンとクララの肖像
（石版画、1847 年）
作曲家別名曲解説ライブラリー 23
『シューマン』（音楽之友社）より

劣を書いているわけではありません。

まったく違う作曲家たちの素晴らしい作品を指揮できるのが、指揮者冥利に尽きて本当に幸せだとあらためて思っているのです。

初心者の皆さまに僕がオススメするこの二人の交響曲は、
メンデルスゾーンが交響曲第3番「スコットランド」

シューマンは交響曲第1番「春」

です。どちらも魅力的な旋律にあふれ、情熱的で聴き手をあきさせません。

ところで、シューマンが天国に逝ってしまうまでの最後の二年間、シューマンが精神病院にいるあいだにクララ（当時三六歳）と恋に落ちたのが、シューマンより二三歳下のブラー

メンデルスゾーン：
交響曲第３番「スコットランド」＆第４番「イタリア」
シャルル・ミュンシュ（指揮）
ボストン交響楽団
発売元：ソニー・ミュージックレーベルズ

小学生のころから今も、この交響曲のいちばんのお気に入りの録音。僕の大好きな演奏です！

ムス（当時二二歳）でした。

シューマンが他界したのち、この二人はお互いになくてはならない存在となっていくのです。

クララ・シューマンとブラームスは交際をはじめて約三〇年後、それまでに交わした手紙をお互いに返しました。ブラームスはそれをライン川に放ち、クララは暖炉の火で燃やしたと伝えられています。

なんともロマンティックだと思いませんか……？

シューマン：交響曲第１番「春」・第３番「ライン」
バーンスタイン（指揮）
ウィーン・フィルハーモニー管弦楽団
UCCG-50022
© ユニバーサル ミュージック

これも名演。バーンスタインらしく情熱的でドラマティックな演奏です。

# ショルティのレッスン

サー・ゲオルグ・ショルティ（一九一二〜九七）は、当時カラヤン、バーンスタインと並ぶスーパー・スターで、闘将とも呼ばれる人気指揮者でした。

僕が副指揮者をしていたＢＢＣフィルハーモニックは、ウィーン・フィルハーモニー管弦楽団、シカゴ交響楽団と並んで、ショルティが毎年必ず客演する数少ないオーケストラのひとつで、ロンドンでコンサートをすることになったのです。

一九九五年、ＢＢＣフィルが僕に素晴らしいチャンスをくれました。ショルティがＢＢＣフィルを指揮するロンドンでのコンサートの一週間前に、まったく同じプログラムのコンサートを、マンチェスターで振らせてくれたのです。

ショルティが指揮するまったく同じプログラムを、同じオーケストラで指揮できるなんて！　夢のような話。しかも僕が指揮するコンサートの一週間ほど前に、ショルティのレッスンを受けることになり、僕は大興奮！（曲目はブルックナー〈一八二四～九六〉の交響曲第1番）。

レッスン当日、ロンドンのショルティの家にうかがうと、半地下（といっても窓があり明るい）の音楽室に通されました。しばらくすると……、ショルティが蝶ネクタイのスーツ姿で入口に現れ、

「I am Solti」

とひと言……（すごいオーラ！）。

椅子に座るとすぐスコアを開いて、メトロノームを片手にテンポ、ダイナミクス、フレージングなどの説明をはじめたのです。それがすごく細かく、僕はショルティはもっと大雑把

なイメージがあったのでびっくり。

とくにテンポでは、

「絶対遅くなりすぎないように」

と繰り返していたのがうれしかった。

僕も、内心、テンポの遅すぎるブルックナーの演奏が多いと思っていたので……。

第1楽章が終わって第2楽章になると、彼もだんだん熱がこもってきてピアノを弾きはじめ……（音楽室には、スタンウェイのコンサート用フルサイズのグランドピアノが二台向き合って置いてあります）。

「君は低音部を弾いて」と言われ、僕は立ったままで連弾。

ちょうどこの楽章が終わったところで、彼のマネージャーが紅茶とクッキーを運んできてちょっとひと息。

突然、すごく優しい笑顔で「好きなクッキーを選びなさい。僕はこれをもらうよ」とクッキーを口に運び、紅茶を飲みながら第3楽章の説明に……。

ところが、彼がメトロノームで示したこの3楽章のスケルツォのテンポにびっくり！狂ったように速い。

「エッ、マジかよ」

と日本語でつぶやいちゃったぐらいで、思わず、

「マエストロ、本当にこのテンポでお振りになるのですか？」

と聞くと、

「Yes, this is a storm !」

何も言い返せないすごい迫力……。

第4楽章は連弾しながらレッスンしてくださり、終わって時計を見ると、もう一時間半以上たっていて、それはそれは至福の時間でした。

後日、ショルティに会ったときに、僕の演奏をすごくほめてくれて（僕が指揮した演奏の録音を聴いてくれていた）、ＢＢＣフィルに「このジャパニーズにもっとブルックナーを振らせてやりなさい」と言ってくださったのです。その結果、次の年にマンチェスターで開催されたブルックナー・フェスティバルで交響曲第3番を振ることができたのです。

二度目のアシスタントは一九九六年で、リヒャルト・シュトラウス（一八六四～一九四九）の「死と変容」と「ツァラトゥストラはかく語りき」。このときもショルティが客演する一週間前に、同じプログラムでFM放送用録音を指揮するチャンスをＢＢＣフィルがくれて、すごくうれしかった。

そしてショルティのリハーサルは、生涯忘れられないほどすさまじいものだったのです。

ショルティは高齢にもかかわらず、椅子に座ることなく一日六時間、目いっぱい練習をします。

初日の「ツァラトゥストラはかく語りき」のリハーサルでは、左手で自分の毛のない頭を叩きながら、冒頭のトゥッティ（全奏者の合奏）の和音のリズムを何度も譜面通りのリズムで弾かせたり、とにかくスコアに書かれている音を忠実に再現する職人のようでした。

ところが二日目の「死と変容」で、彼は別人となるのです。初日ではあれほどリズムにうるさかったのに、この日は冒頭からスコアにないルバート（テンポの緩急）をかけて、弦楽器の刻むリズムを「もっと弱々しく！」と、何度も何度も練習させたのです。そして一時間近くたったときには、リハーサルをしていたスタジオが、まるで一本のロウソクに支えられた闇の世界のように……。

中間部では強烈なアッチェレランド（だんだん速く）とダイナミクスでオケが唸《うな》りを上げ、終結部の美しさにはしばらく声も出ませんでした……。

このとき、僕の心はまるで少年時代のように「指揮者になりたい……！」という気持ちでいっぱいになっていたのです……。

リハーサル終了後、彼の控え室に行くと、

「指揮台に立ったら絶対あきらめるな」

と、ひと言だけ言って、僕のスコアにサインをし、たった今まで使っていた手垢《てあか》のついた指揮棒をプレゼントしてくださいました。

次の年の冬もアシスタントをする予定だったけど（ショスタコーヴィチの交響曲第15番）、

僕はほかの仕事の契約をしていてできず、そしてその年の秋にショルティは帰らぬ人となってしまったのです。

八〇歳を過ぎてなお持ち続けていた強烈な「信念とパッション」、そして「絶対にあきらめるな」のひと言。

ショルティは指揮者にとって絶対不可欠なものを僕の心に焼きつけてくれました。

仕事をすればするほど、それを持ち続けることがいかに難しいか身にしみます。

それでも僕が指揮者である限り、ショルティの残してくれた言葉を絶対に忘れることはありません。

「ショルティとの想い出」は、今でも僕の心を奮い立たせてくれるのです。

# カラヤンはやっぱり特別

クラシック界のスーパー・スターで帝王と呼ばれたヘルベルト・フォン・カラヤン（一九〇八〜八九）に実際に接することはなかったけど、幸運にも日本でカラヤンの演奏会に行くことができました。

一九八八年のカラヤン最後の来日公演で、会場は上野の東京文化会館。プログラムは前半がベートーヴェン交響曲第４番で、後半がムソルグスキー（ラヴェル編曲）の「展覧会の絵」。

中学時代の後輩が、僕とカミさんの婚約を祝ってプレゼントしてくれたチケットは、一階の前から三列目くらいの席。当時、僕はとくにカラヤンのファンではなかったのに、カラヤンが登場した途端、会場は異様な熱気に包まれ、僕も大興奮！

そして指揮台に立つカラヤンには、なんと！　後光が差しているではありませんか！　でもよく見ると、カラヤン専用のスポットライト（ほかの指揮者には使われない）が当たっていたからなのですが……、それがわかっても興奮冷めやらず。オーケストラのフォルテの音色が、録音で聴くのと同じくスマートでゴージャス！　もちろん生で聴くベルリン・フィルハーモニー管弦楽団のサウンドは、期待以上にさらに圧倒的。

前述したように、当時はとくにカラヤンのファンではなかったはずなのに……、夢見心地で演奏を堪能したのです。

ベートーヴェンの交響曲第４番は、管楽器が倍管（編成を倍の人数にする）の大編成。強烈な演奏でした。

ところで、ベートーヴェンを倍管の大編成で演奏するスタイルは、昔は当たり前でしたが、今では良しとされない風潮があります。

カラヤンの後任の指揮者クラウディオ・アバド（一九三三〜二〇一四）やサイモン・ラトル（一九五五〜）は、ベルリンフィルと小編成でベートーヴェンを演奏していたようですが、これはじつは古楽器オーケストラを流行らせたCD会社のつくったイメージだと思われます。

ベートーヴェンは常に、自身の交響曲は倍管の大編成での演奏を望んでいて、4番からそれを実現しています（倍管で演奏されたパート譜が残っています）。

スコアも倍管の大編成をイメージして書かれているのです。

たとえば当時、第7番と第8番を演奏したときの編成は、弦楽器はファースト・ヴァイオリン18（人）、セカンド・ヴァイオリン18、ヴィオラ14、チェロ12、ベース7＋コントラファゴット2（ベースが足りないので、スコアにはないコントラファゴットで補強した！）で、管楽器は倍管（倍の人数）でした。

第9の初演では、ベートーヴェンが希望した人数は集まりませんでしたが、それでも弦楽器が14、14、10、チェロとベースを合わせて12で、管楽器は倍管だったという記録が残っています。

小編成でのベートーヴェンの演奏は、たいへん魅力的で僕も好きですが、一九八〇年代くらいから流行った近年の演奏スタイルといえます。

最近では、再び倍管でベートーヴェンを演奏する指揮者も出てきたようで、個人的にはうれしい限りです。

話が脱線してしまいましたが、とにかくカラヤンの生の演奏を聴けたのはこのときの一回だけでしたが、カラヤンならではの魔法にかけられたような空気感を体験できて、本当に良かったと思うのであります。

INTERMISSION:02

# 今日はカミさんとの32回目の結婚記念日なんです！

突然ではありますが……、原稿を書いている本日（二〇二一年四月某日）は、一つ年上のカミさんとの三二回目の結婚記念日なのであります。

この三二年間、あんなことも、こんなことも、そんなことまで!!バレバレでしたが（^_^;ひとえにカミさんの「忍耐」のおかげで、今でも奇跡的に仲良くしております。カミさんに心より感謝！　周りの方々にも感謝感謝！

皆さまにおきましては、引き続きアリバイ工作ほかのご協力をどうかよろしくお願い申し上げます。

ところで、一二年前、カミさんが突然、二日間昏睡《こんすい》状態で生死をさまよいました。女性にはよくある子宮筋腫摘出の手術をしたあと、腸が破裂してしまったのです。

僕はさすがにうろたえ、それまでの数々の行いを反省して必死に神さまに祈りました。

奇跡的にカミさんが目を覚ましたとき、桜が満開でした。以来、毎年桜の季節には懺悔《ざんげ》をして、結婚記念日を迎えるのであります。

集中治療室で、昏睡状態から幸い意識が戻り、目を覚まして僕の手を握りしめながらの最初のカミさんの言葉は、「くるくるドライヤー……持ってきて……」（天然パーマのカミさんにはとにかく大切らしい）だった……。

いやはや……、女性の美の意識たるや……。

でも、以前カミさんがこっそり通販で買ったヒップアップ用の電動骨盤矯正椅子は、今ではぬいぐるみが占領しているし（この機械でヒップアップするわけないわな……）、先日やはり通販で買った腹筋用の器具にはタオルが干され、書類が山積みされてるけど……、まぁいいや……。

夫婦円満の秘訣は「思いやり」。

どんなときでも「思いやり」を大切に、これからも仲良くやっていきたいと思っているのであります。

「結婚 30 執念記念」（笑）で、シベリウスが新婚旅行で行ったフィンランドのカレリア地方に行きました。

兵庫県甲山に義父のお墓参りに行った帰り、大好きな夙川の桜を満喫。桜の季節は身が引き締まります。(笑)

## 妻を愛したヨハン・シュトラウス二世

毎年ニューイヤーコンサートといえば、シュトラウス一家のワルツやポルカが有名です。

ウィーン・フィルハーモニー管弦楽団の有名なニューイヤーコンサートは、第二次世界大戦が勃発した一九三九年の大晦日《おおみそか》にはじめられました。

シュトラウスの音楽は、ただ楽しいだけではありません。いろいろな想いがこめられた作品がたくさんあり、それゆえ多くの人びとに愛され続けているのです。

たとえば、ワルツ「美しく青きドナウ」は、当時戦争で傷ついた人びとを勇気づけるために作曲されているし、同じくワルツ「ウィーン気質」は、株が大暴落してオーストリア＝ハンガリー帝国が経済破綻したときに、失業者であふれたウィーンの街を元気づけるために書かれました。

当時大スターだったヨハン・シュトラウス二世（一八二五〜九八）は女性にモテて当然、多くの女性たちと浮名を流しましたが、その一方で七歳年上（文献によっては一一歳年上とあります）の妻ヘンリエッテ・ハベルツキーを大切にしました。

一八六二年、まだ独身だったヨハン・シュトラウス二世は、七回目のロシア演奏旅行をしていました。八月になって、突然ロシアからウィーンのシュトラウス家に「ヨハン二世急病」との知らせが届きます。

弟のヨゼフ・シュトラウス（一八二七〜七〇）が、あわてて代役のためにロシアに到着します。面会した兄のヨハン二世は元気で、その四日後にはヨゼフをロシアに置いてウィーンに帰ってしまいます。恋人だったヘンリエッテが恋しくて、仮病を使ったのです。ウィーンに戻りヘンリエッテと再会したヨハンは、すぐに結婚の準備をはじめます。

たまらないのは、ロシアに残されたヨゼフ。

愛する妻カロリーネと離れてひと夏を過ごさねばならず……、このときヨゼフが作曲したのがポルカ「燃える恋」です。兄の恋を皮肉ったのか？　楽譜には「schmerzvoll（痛みを伴う）」とあり、ヨゼフの離ればなれになった妻への想いも感じられ、なんとも〈ふてくされた〉ように聴こえて微笑ましい。

ヘンリエッテは素晴らしい妻で、ヨハン二世にとって大きな力となりますが、結婚して一六年後に天国に逝ってしまいます。

寂しさに耐えられなかったヨハンは、半月もしないうちに二七歳年下の女性と再婚しますが、それがとんでもない悪妻で、ヨハンはずいぶん苦しめられました。結局その悪妻さんは若い男のもとへと、家を出てしまいます。

この時期に作曲されたワルツが「南国のバラ」。同時期に作曲したオペレッタの音楽を元にしていますが、最初は天国のヘンリエッテを懐かしむようでもあり、最後は自分自身を奮い立たせているようにも聴こえます。

その後、やっとのことで再び素晴らしい女性と巡り合います。三番目の妻となるその女性とは同棲するようになるのですが、その幸せの絶頂期に書かれたのが「春の声」なのです。

シュトラウスのワルツやポルカも作曲者の想いを知ると、聴こえ方も変わり、とても興味深いのです。

# ブラームスと同時代の作曲家たち

ブラームス（一八三三～九七）は、同時代の作曲家であるワーグナー、チャイコフスキー、ヴェルディたちを認めてはいたものの、あまり好きじゃありませんでした。でもヨハン・シュトラウス二世の音楽は心から愛していて、よく聴きに出かけては絶賛していたそうです。

ヨハン・シュトラウスの娘から扇子にサインを求められたブラームスは、「美しき青きドナウ」のメロディを書いて、「残念ながらブラームスの作品にあらず……」と記した話は有名です。ブラームスはシュトラウスの優雅さと品格の高さ

に魅《ひ》かれていたのです。

ブラームスとワーグナーは犬猿の仲でしたが、ワーグナーもまたヨハン・シュトラウス二世の音楽を愛していました。

しかも二人のいちばんのお気に入りのワルツが、偶然にも同じ「酒・女・歌」。

「酒と女と歌を愛さない者は、生涯馬鹿で終わる」という有名な格言（素晴らしい格言ですね！）を元として書かれたワルツで、当時戦争に負けて意気消沈していたウィーンの人びとを明るくさせようと作曲されました。

その音楽は優美で、また力強い。最後のクライマックスでは、通常セカンド・ヴァイオリンやヴィオラが担当するワルツの伴奏「ズン・チャ・チャ」の「チャ・チャ」の部分をファー

▶ブラームス（右）とヨハン・シュトラウス2世（左）。バート・イシュルにて、1894年。『ニューグローヴ世界音楽大事典』（講談社）より

ワーグナー

スト・ヴァイオリンも一緒に弾きます。これはヨハン二世のワルツでは珍しい。

この「ズン・チャ・チャ」のリズムには魂がこめられていて、踊るためだけではなく、人びとを奮い立たせるワルツなのです。

ブラームスは束縛を嫌って一生独身を通しましたが、シューマンが天国に逝ってから、未亡人になった一四歳年上のクララ・シューマン（一八一九〜九六）と深い仲になります。結婚こそしませんでしたが、二人は数千通の手紙を交わしました。お互い喧嘩《けんか》もよくしたし、ブラームスがほかの女性に恋をすることもありましたが、それでも二人の素晴らしい関係はクララが亡くなるまで続きました。

クララが六〇歳を過ぎたときに、お互いが出し合った手紙を交換して、クララはそれを暖炉で燃やし、ブラームスはライン川に放ったといいます。

一八九六年にクララが亡くなったとき、ブラームスは傍《そば》にいられませんでした。それがショックでブラームスも急速に体調を悪くしていき、結局クララが亡くなったその翌年に、ブラームスも亡くなります。

亡くなる三週間前に無理をして足を運んだコンサートがシュトラウス二世の新作のオペレッタだったといいます……。ブラームスがいかにシュトラウスの音楽を愛していたかわかりますね……。

# 渡邉曉雄先生の遺言

部屋の整理をしていたら、師匠の渡邉曉雄《わたなべあけお》先生との写真が二枚出てきました。どちらもまったく記憶になかった写真なので、すごくうれしい。

前作でも書きましたが、日本を代表する指揮者だった渡邉曉雄先生は、僕を最初で最後の内弟子（鞄持ち、運転手、留守番や鯉や金魚の餌やりなど、なんでもする）として、亡くなられるまでの最後の六年間、息子のように可愛がってくださいました。

先生のたくさんの教えのなかで、遺言として大切にしている言葉がいくつかあります。

一つ目は前作でも書きましたが、僕が弟子入りした最初の日に言われた言葉で、指揮者なんて商売は、仕事柄いろんなことを言われる。
でもキミは、決して人の悪口を言っちゃいけないよ。
悪口は人間だけでなく音楽を汚くする。
キミは悪口を言われる側の人間になりなさい。

この言葉は先生が亡くなられる直前、病院での最後の面会で、僕が覚えているかどうか先生に質問されたくらい大切な教えです。

二つ目は、

我々音楽業界の人間は、過去の作曲家たちのおかげでメシを食ってる。その恩返しを今の作曲家たちにするのが我々の義務だよ。

これは先生がしょっちゅうおっしゃっていた言葉で、病院での最後の面会のときも、「英国に留学するときに、日本人作品の楽譜やCDをできる限り持っていって勉強しなさい」

と強く言われました。
僕がデビュー以来、できる限り邦人作曲家の作品を取り上げて紹介してきたのも、この先生の遺言を大切にしているからです。

三つめの遺言は……、じつはあまり実践していなかったのです……。

先生とはしょっちゅう一緒に食事をしましたが、僕が夢中になって食べていてふと先生を見ると、先生はニヤニヤしながら僕をじーっと見ていることがよくありました。
「もっと噛んで食べなさい。今は四回しか噛んでなかったぞ。お行儀が悪いなぁ……」
なんてよく言われたものです。

最後の面会でも、

「もっと噛んで食べなさい」

と言われてしまった……。


じつは、僕はすごい早食いなのです。

もの心ついたときから、両親、妹二人のほかに、祖父母、叔父・叔母たちにお手伝いさん、と大家族で食事をしていたので、早く食べないと食べ物がなくなっちゃう！　という意識が本能的に働くのです。

幼少のころから鍛えられた僕の胃腸は強靭です。それに忙しくて、ゆっくり食べている時間がもったいなくて、この教えだけは実践していませんでした。

意識してよく噛んでゆっくり食べるようになったのは、最近になってからなのです。

じつは「食べ過ぎはカラダに悪い。よく噛んで食べることがいちばん大切。疲れがとれやすいし太らない」という当たり前のことを最近知ったのです。

若いころは疲れも簡単にとれていましたが、今はもうさすがに……。

先生はこのことを食事やお行儀の話としてだけではなく、言っていたのだろうなぁ……と今は思っているのです。

そんなことを思い出しながら、突然出てきた写真を眺めています……。

1988年、日本フィルハーモニー交響楽団の九州演奏旅行に鞄持ちで同行したときの、大牟田駅で。

1987年、曉雄先生が総監督をされていた津山国際総合音楽祭に同行したときの一枚。息子さんでピアニストの渡邉康雄さんと。

## 園田高弘先生とラフマニノフ



ヨーロッパでは「運命」や「新世界より」「第九」といった名曲を、日本ほど頻繁に取り上げません。各オーケストラには、曲目に関係なく、定期的に足を運ぶお客さまがしっかりいるからです。

日本のように、一回の演奏会ごとにチラシをつくることも基本的にありません。その必要がないからです。多くのお客さまは年間を通して演奏会に通うので、シーズンパンフレットを持っているのです。

また、デビュー当時ヨーロッパでは、名曲は「若い指揮者にはまだ早い」とあまり振らせてもらえませんでした。

その代わり、日本デビューをして日本フィルハーモニー交響楽団の指揮者に就任してからは、名曲を中心に毎年約三〇公演を指揮させていただいたのがすごく勉強になりました。

当時、日本フィルには、全国各地に毎年日本フィルを呼ぶボランティア組織（チケットの販売、チラシやポスターの作成はもちろん、各地で演奏会後は出演者と大宴会で絆を深める）があって、演奏旅行の指揮もずいぶんやらせていただきました。なかでも、九州の演奏旅行は二週間にわたる盛大なもので、現在でもしっかり続いていて、二〇二一年には四〇周年を迎えています。

ロシアの作曲家ラフマニノフ（一八七三～一九四三）の大人気曲、ピアノ協奏曲第２番を初めて指揮したのも日本フィルとの九州演奏旅行でした。しかも、ソリストは大巨匠の園田高弘先生（一九二八～二〇〇四）で、素晴らしい経験をさせていただきました。

リハーサルの一週間ほど前に、園田先生のお宅に打ち合わせに行ったのですが、先生が教えてくださったことがすごく強烈で、今でも鮮明に覚えています。

当時園田先生といえばドイツ音楽の大家として有名で、ベートーヴェンやブラームスが得意とされていたイメージが強かったけど、じつは先生はこのラフマニノフの2番が大好きだったのです。

先生のお宅にうかがうと、先生は早速ピアノを弾きながらたくさんのことを教えてくださいました。

冒頭のピアノのソロを弾きながら先生は、

「フジオカくん、これは鐘なんだ、遠くから鐘が聞こえてくるんだよ……」。

まず、冒頭のピアノソロのあと、オーケストラパートの主旋律を歌いながら先生はピアノパートを弾き続ける……、

「これはネヴァ河の大きな流れなんだ!!

ここはオーケストラをたっぷり鳴らして！　ピアノが聴こえたら何かの間違いだ！　ここはピアノは聴こえなくていいんだ！　僕がオーケストラにつけるから安心して……！」。

ホルンのソロの箇所では、

「ここは絶対急いじゃダメ！……目の前に雪で覆われた真っ白な大地が拡がる感じだ……！」。

先生がオーケストラパートを歌うので、いつの間にか僕も先生と一緒に歌い続ける……。

再現部では、

「ここはね！　まるで軍隊の行進のように‼」。

先生は急に立ち上がって、

「チャン！　チャチャ、チャチャチャチャチャ、チャン……」。

歌いながら膝を真っすぐ伸ばして、ピアノの周りを行進する……。

第2楽章を弾き終えた先生は、

「……とまぁ、こういうわけだ。名曲といわれる所以だよ……。これはね、男のロマンなんだよ。女の子のオセンチとは全然違うんだ……！」。

第2楽章後半でピアノパートを弾きながらヴァイオリンのメロディを「タリ～らぁ～りぃ～」と心をこめて歌う先生の声は、今でも耳に残っています。

オーケストラとのリハーサルでも、この箇所ではヴァイオリンに向かって、

「もっと（音を）出して！　泣かせてちょうだい……！」と、要求していらした。

第3楽章のオーケストラが派手にアッチェレランドする箇所では、

「フジオカくん！　シンバルが（音が）小さすぎる！　それに本当はもっと前に行きたいだろ？」

僕が「ハイ!!　行きたいです!!」

と答えると先生は、

「じゃあ、もっと（前に）行っちゃってちょうだい！　ここはサーカスだ！　もっと派手にやってくれないと、このあと出る気になれないよ！」。

とにかく先生はラフマニノフが大好きで、リハーサルもすごくおもしろかったし勉強になった。なによりこのラフマニノフの2番のイメージが大きく変わったのです。

日本フィルとの演奏会後に、先生が「フジオカくん、またやろう！」と言ってくださって、翌年、関西フィルハーモニー管弦楽団の定期演奏会で再びこのラフマニノフの2番で共演することに。

このときの先生もリハーサルから音楽のスケールが雄大で、後半の曲目は同じラフマニノフの交響曲の2番でしたが、その演奏にも素晴らしい影響を与えてくださったのです。

本番当日のザ・シンフォニーホール。補助席はもちろん、二階まで立ち見が出るほどの満席で、すごい熱気。伝説的な、忘れられないコンサートとなりました。

そして園田先生は、この関西フィルとのラフマニノフの2番の演奏会を最後に、しばらくして天国に逝かれてしまったのです。

園田先生と。

当時の先生はご高齢にもかかわらず、いつもご自分で荷物をお持ちになり、背筋をシャンとさせて歩く姿がすごく美しく、今でも目に焼きついています。

園田先生との共演は、このラフマニノフの2番の二回のコンサートだけだったけど、先生は僕の中に、なにか大きなものを残してくださいました。

## 「田園」は大好き！

「運命」と「田園」は、ほぼ同時期に作曲されました。「運命」というニックネームは前にも書いたように他人がつけたものですが、「田園」はベートーヴェン自身がつけました。

当時ベートーヴェンは、熱烈に愛していた恋人ヨゼフィーネから一方的に別れを告げられてしまいます。階級の違いからヨゼフィーネの姉妹や周りが、二人の交際を許さなかったのです。

その直後に作曲されはじめたのが「運命」です。

その後、ベートーヴェンはエルデーディ伯爵夫人という女性と出会い、とても幸せだったようで、なんとその女性の大きな屋敷のある敷地内に引っ越してしまいます。そこで生まれたのが「田園」です。この女性とベートーヴェンが男女関係にあったかどうか定かではありませんが、とてもピアノが上手で、ベートーヴェンの音楽をもっとも深く理解していた女性といわれています。

僕が、「運命」はできれば指揮をしたくない話は、本書の最初に書きましたが、「田園」は大好き！　一日に何度でも指揮できます。（笑）振っていて楽しいし、とっても幸せな気持ちになるからです。

ベートーヴェン自身がこの交響曲について、「自然を描写したのではなく、自然を通した感情を表現した」とはっきり言っています。「田園」は当時のベートーヴェンの心の歌なのです。

もともと自然を愛するベートーヴェンでしたが、作曲当時、生活環境も変わったことで、それまで以上に自然の美しさが色鮮やかに感じられたのでしょう。

オーケストレーションがこの時代としてはすごく新しく立体的で、各楽器の音色が効果的で色彩豊か、その一方で音楽全体が歌と生命力であふれます。

ところで、この「田園」は最後の神に感謝する「祈り」の部分から終わりまでが、ちょっと難しい。

いつもおもしろいなと思うのだけど、この最後の部分はコンサートマスターの個性がかなり影響します。同じオーケストラで同じ振り方をしていても、コンサートマスターが違うと全然違う。テンポの感じ方、ダイナミクスとすべてが変わります。

これは良い悪いの話ではなく、オーケストラの醍醐味、おもしろさのひとつです。そして（これはどんな曲にもいえることだけど）、そのコンサートマスターの個性にぴたりとつける団員さんたちもすごいな〜、といつも思うのです。

ところで、一〇年以上前になりますが、英国のオーケストラと演奏旅行でこの「田園」を取り上げたときの話です。

指揮していると、第2楽章で気持ちよさそうなイビキが聞こえてきました。

第3楽章では「ジョン！　ジョン！」という囁《ささや》き声まで聞こえてくるではありませんか
……！

なんと！　第4楽章の嵐まで出番のないティンパニ奏者が寝てしまい、前に座っていたトロンボーン奏者が後ろを向いて必死に起こしていたのです。

ジョンは嵐の場面の直前で、ハッと目を覚まして事なきを得ましたが、以来僕は第3楽章でティンパニが起きているかどうかを必ず確認します。

ちなみに、前日の夜遅くまで僕はジョンと飲んで騒いでいたので、責任は僕にもあります。だから名誉のためにオーケストラ名は伏せておきます。

あとで知ったのですが、「田園」でティンパニが寝てしまう話は世界中にあるようです。

ただし、日本では聞いたことがありません。日本人は真面目なんですね。（笑）

## 僕の愛するもう一つの「田園交響曲」



英国の作曲家、レイフ・ヴォーン・ウィリアムズ（一八七二～一九五八、通称RVW）の三番目の交響曲も「田園交響曲」と呼ばれます。

そしてこの交響曲は、シベリウスの交響曲第5番（前作で紹介しましたね）と並んで、僕のもっとも愛する交響曲でもあります。

この交響曲第3番は、第一次世界大戦後に作曲されました。RVW自身も従軍していて、多くの悲劇を間近に体験し、親友や大切な人びとを失い、その悲しみがこの交響曲に深く影

レイフ・ヴォーン・ウィリアムズ

響しています。

また、フランス戦線で見た田園風景から、故郷の美しい田園風景を思い出したともいわれていて、いずれにせよベートーヴェンの幸せで楽しい田園とは、まったく対極の内容といえます。

第1楽章では、田園が目の前に拡がる描写が随所に感じられ、管楽器や弦楽器のソロはまるで自然界の精や魂の歌のよう……、大自然が悲しみを癒《いや》しているようでもあります。

第2楽章で途中に出てくるトランペットのソロは、スコアには、できればナチュラルトランペット（音階が倍音列でバルブがない。意志疎通のために軍隊でも使われた）を使用するように指定されています。

『グリーンスリーヴス幻想曲　ヴォーン・ウイリアムズ作品集』
サー・ネヴィル・マリナー
UCCD-7099　© ユニバーサル ミュージック

ヴォーン・ウィリアムズの管弦楽曲集もじつに美しい。「グリーンスリーヴス幻想曲」が有名だが、「タリスの主題による変奏曲」や、ヴァイオリン独奏を伴った「揚げひばり」も絶品です！

これは従軍時いつも耳にした軍隊のラッパをイメージしているからで、楽章全体は大戦で亡くなった人びとへの哀歌のよう……。

また、楽章最後に出てくるホルンも、可能ならナチュラルホルンを使用するように指定があります。


現在、この指定箇所を現代楽器で演奏する場合が多いのは、指定箇所だけナチュラル楽器に持ち替えると、システムが違うだけでなく楽器が冷えているなど、奏者にとって技術的に大変だからです。

もし指定通りのナチュラル楽器を使うと、音色が変わるだけでなく、記譜上の音程が通常の平均律の現代楽器と異なり、リアルに作曲者の戦時中の記憶がよみがえるような効果が出ます。


第3楽章は、モンスターの姿のよう。ときに戦闘的な英国民謡風のメロディ（作曲者自身スローダンスと呼んだ）で、英国民を奮い立たせているようでもあります。

また、純音楽的に色彩豊かで、とても立体的なのが魅力です。

映画音楽の作曲家たちの多くが、ＲＶＷから影響を受けているのがよくわかります。楽章最後、弦楽器の人数を減らしての精緻な音楽も魅力的。

第４楽章の冒頭は、ソプラノの美しいヴォカリーズ（歌詞がない）のソロではじまりますが、僕はいつもホールの高いところからステージと客席を見下ろすようにソプラノを配置します。美しい歌声が天から聴こえてくるような、素晴らしい効果を生むからです。

楽章全体は、悲しむ人びとを優しく包み込むようで、ただただ美しい……！

後半のクライマックスはユニゾンの悲しい強烈な叫びのあと、平和を祈るような優しく美しい旋律が息長く高揚していきます。

頂点を迎えたあと、再び楽章冒頭のソプラノのヴォカリーズが、このときはソプラノが歌う場所を変えて、遠くから祈りのように現れて終わるのです……、その美しさたるや……。

この「田園交響曲」には、怒りや皮肉、大袈裟《おおげさ》な芝居がかったところなどがまったくありません。

音楽は誠実で品格高く、全楽章で感じられる優しさと祈りがどこまでも美しい。日本ではあまり演奏されませんが、ぜひとも聴いていただきたい交響曲です。

ところで、ＲＶＷのスコア上のダイナミクスはかなり控え目で、印刷された通りに演奏するとつまらない音楽になってしまいます。

たとえば、マーラーならスコアに書いてあることを忠実に再現すれば、それなりの形になりますが、ＲＶＷは大幅にダイナミクスを変更して、格調高い和声進行を際立たせ、各パートのソロを思い切って歌わせないと美しい姿が見えてこない……。

一歩間違えると退屈な音楽になってしまうけど、上手《うま》くいけばこれほど品格高く優しさにあふれた交響曲は珍しい。第３楽章もすごくスペクタクルになります。

この交響曲は、第一次世界大戦後の平和への祈りがこめられていると同時に、不安の暗い影が見え隠れします。

そして、その不安が的中して第二次世界大戦が起きてしまい……、そしてまた、優しく祈るような世にも美しい交響曲第5番が生まれるのです……。

考えさせられます……。

RVWのロンドン交響曲（交響曲第2番）は、一三歳年下でRVWが仲良くしていた若い作曲家バターワースに後押しされて生まれました。

RVWが交響詩にするつもりだった楽譜を、将来を嘱望されていた才能あるバターワースに見せると、彼は交響曲にするようにすすめたのです。

この交響曲がドイツで初演された際に、総譜がなくなってしまいました。英国での再演時にはRVWが不在だったため、バターワースがパート譜から総譜を再現して校訂も手伝いました。このロンドン交響曲は、そのバターワースに献呈され

ジョージ・バターワース
https://www.bbc.co.uk/programmes/p042v4mz/p042v4jn より

ています。

その後に第一次世界大戦が勃発、バターワースもＲＶＷもフランス戦線で共に戦い、バターワースは自分の作曲した楽譜をすべてＲＶＷに託して突撃し、三一歳の若さで戦死。ＲＶＷはバターワースを失った悲しみだけでなく、戦争の悲劇に打ちのめされます。

そこで生まれたのが「田園交響曲」なのです。

それは作曲者自身、単に英国の田園風景を描写した音楽ではなく、戦時の音楽だと語っています。フランス戦線でスケッチをはじめたその音楽は、毎日の恐ろしい状況のなかで、目の前の自然の美しさを通した強い想いがこめられます。

平和への祈り、叫び、誰も恨まないかのような優しさ、悲しみを癒《いや》すかのような自然の美しさにあふれているのです。

ＲＶＷは当時流行の前衛音楽には見向きもせず、自身で「現代主義も保守主義も見当違いのものだ。何事であれ自分には真実のものでなくてはならない」と公言しています。

この「田園交響曲」は、悲しい出来事が続く現在にこそ、多くの人びとの琴線に触れる音楽だと確信しているのであります！

# シベリウスの本質

ヴォーン・ウィリアムズ（RVW）は、フィンランドの作曲家シベリウス（一八六五～一九五七）をたいへん尊敬していました。自身の世にも美しい交響曲第5番をシベリウスに献呈しています。

シベリウスというと、とくに日本ではちょっと地味なイメージがあるように感じます。また、シベリウスの管弦楽作品の多くは北欧の自然や神話を描写していますが、交響曲では本質が違います。

僕の師匠で、シベリウスのスペシャリストとして世界的に認められていた渡邉暁雄《わたなべあけお》先生は、シベリウスの交響曲について評論家から、「北欧の自然を感じる」などと当たり前のことを言われるのをすごく嫌がりました。交響曲において本質はほかにあるからです。

シベリウスの交響曲の根底にあるのは、その時のシベリウスの強烈な感情で、それをわかっていないとシベリウスの交響曲を深く理解することはできません。

たとえば第1番は、ロシアの支配からフィンランドが独立することへの激しい想いや、若い作曲家としてのギラギラした野心が感じられます。全楽章美しい旋律にあふれ、最後は雄大な世界が拡がります。

第2番は、祖国愛に燃えた音楽で、終楽章はフィンランドの勝利を彷彿《ほうふつ》させられるとよくいわれますが、シベリウス自身がそれを否定するように、本質はもっと内面的です。

シベリウスは愛娘を失った悲しみと闘っているのです。その悲しみから逃れるため、家族でイタリアに滞在します。しかし、途中で悲しみや自分自身への怒りに耐えられず、突然一緒にいた妻子を放り出して単身ローマに行ってしまう。それほどシベリウスは、どうしようもない悲しみのどん底にいたのです。

あの美しくも力強い終楽章は、自分を奮い立たせる音楽でもあるのです。

渡邉曉雄先生は、

「第2番は、第2楽章の悲しくも激しい叫びをどこまで表現できるかがいちばん大切。作曲した直後のように、ペンのインクが乾ききらないような音楽でなくてはならない！」

が口癖でした。


第3番は、気分転換のためにヘルシンキから田舎に引っ越し、音楽のスタイルも簡潔にして、冒頭は一生懸命楽しげな旋律ではじまります。

それでも結局、愛娘を失った悲しみから立ち直ってはおらず、終楽章では、娘を想うかのように賛美歌の旋律が突然現れます。この旋律は、娘を失ったときに作曲していた未完のオラトリオのなかの「神に祈る人」の旋律です。

最後は、この讃美歌の旋律が強烈なエネルギーに発展して（ここでも自分を奮い立たせるようでもあり、自身への怒りのようでもある）、叫ぶように終わるのです。

第4番は、喉に腫瘍ができたシベリウスの、死の恐怖との闘いが根底にあります。

第5番は、前作で詳しく説明しましたが、病気が奇跡的に治ったことへの喜び、フィンランドが独立したことへの喜びや祖国の美しい自然への讃歌です。

シベリウス自身、第1楽章の最後は「狂喜」と言ってるほど。終楽章ではシベリウスが体験した、一六羽の白鳥が銀のリボンのように美しく舞う姿が表現されています。それは情景描写ではなく、そのときの感情が描写されています。最後の雄大なクライマックスは圧巻！

第6番は、弟を亡くした悲しみの影響が大きく、教会旋法《せんぽう》を勉強しなおして大きな効果を上げています。また、祖国の美しい自然に神の存在を感じさせる音楽になり、それが発展して第7番では神々しい神の姿が現れるのです。

シベリウスは喧嘩《けんか》して牢屋に入れられたり、酒浸りで何日も高級クラブから家に帰らなかったり、浪費癖が病的で経済破綻したり、と常識とはかけ離れた人でした。

シベリウスの音楽は、美しい自然を彷彿させる透明感のある独自のハーモニーや色彩感、ときに衝撃的な和声進行や斬新なオーケストレーションが大きな魅力です。しかし、交響曲ではその魅力に加えて、感情を通した強烈なエネルギーが根底にあるのです。

そしてシベリウスの魅力は、その音楽に嘘がないこと。芝居がかったりしない、虚飾とはまったく無縁の音楽で、ときに激しく叫び、ものすごいマグマが吹き上げます。その一方で、シベリウスの音楽は深く優しい……、その美しさは神々しいほどです。

他人に対する怒りや皮肉、虚飾や芝居とはまったく無縁の音楽なのです。そして、常に自分自身に対しては批判的でした。たとえば語弊があるかもしれませんが、良い意味で自分のことが大好きだったマーラーの音楽とは対照的です。

幸運にも、僕はシベリウスのスペシャリストだった渡邉曉雄先生の弟子だったことに加えて、フィンランドよりも先にシベリウスを認めた英国に一五年間住んでいたこともよい経験でした。

シベリウス自身が何度も指揮台に立ったハレ管弦楽団の定期演奏会で、僕がシベリウスの第1番を指揮したときに、たくさんの団員さんたちがいろいろ教えてくださいました。そしてその教えのなかには、暁雄先生が教えてくださったことと同じこともあり、うれしかった。

専門的になりますが、シベリウスは語学が苦手で、ときにイタリア語で指定するのですが、そうすると音楽用語の意味が違ってきます。

シベリウスのモデラートは「落ち着いて」という意味に近く、通常とはほぼ逆のニュアンスといえます。

シベリウスはよくモルト・モデラートと指定しますが、これはかなり落ち着いたテンポになります。それをわかってないと、反対にかなり速めのテンポになりやすい。

ちなみに、シベリウスを尊敬していたＲＶＷも、モデラートをまったく同じ意味で使っています。

また、アンダンテも通常より遅いイメージです。

デビュー当時、シベリウス自身がスコアに書き込んだ演奏時間と、現在のレコードやCDの演奏の録音時間とを比較しましたが、シベリウスが書き込んだ時間に比べて、かなり速い演奏が多かった。僕はシベリウスの音楽には、どっしりとしたイメージをもっています。

今年で二二年目のシーズンとなる（二〇二一年現在）関西フィルハーモニー管弦楽団とは、何度もシベリウスの交響曲を取り上げてきました。

その関西フィルとのシベリウス交響曲全集が二〇二一年に発売されました。

シベリウスの交響曲は内面を理解するのに時間がかかるので、七年間、毎年一曲ずつ丁寧に時間をかけてライブ録音した渾身《こんしん》の全集となっております。

興味ある方は、ぜひとも聴いていただけたらうれしいです！

シベリウス交響曲全集＆ヴァイオリン協奏曲（独奏・コンサートマスター岩谷祐之）写真提供 :ALM Records

これまではに第２番 ( 写真左、2006 年発売 )、第１番 ( 写真中、2010 年 )、第５番 ( 写真右、2011 年 ) の CD を出していますが、今回の全集はすべて新録音で、第１・２・５番も違う演奏です。古い録音も魅力ある演奏と自負しております！　写真提供 :ALM Records

INTERMISSION:03

## フェルメールとおふくろ

今朝は仕事部屋で、なんとなく壁に飾ってあるフェルメールの『牛乳を注ぐ女』を眺めています……。

二〇〇七年の一一月末、おふくろが突然末期の癌とわかって入院したとき、僕は大阪アカデミー合唱団とヴェルディの「レクィエム」のリハーサルの真っただ中。合唱団と関西フィルハーモニー管弦楽団とのリハーサルの合間を縫って、できる限り東京の病院に通いました。

クリスマスイヴには妹たち家族全員と病室に泊まることができてその翌日、二五日のクリスマスの朝に、おふくろと二人だけになる時間がありました。

幸運にもおふくろの意識が戻っていて、僕の話に目を閉じながらうなずいていて、このとき僕はおふくろの手を握りながら、

「指揮者にしてくれてありがとう」とお礼を言い、「ずっと愛してるからね……！」と初めておふくろに「愛してる」と口にしました。

もうすぐ天国からお迎えがくるとわかっていたおふくろは、閉じた目から涙を流しながら「うん、うん」と何度もうなずいていたのが目に焼きついています……。

今では、この時間は神さまが二人にくれたプレゼントだったんだなぁ、と思っているのです。

このあと意識がほとんど戻らないまま、二七日に亡くなりました。

僕は子どものころから、いつもおふくろに怒られてばかり。大学生のころには、僕のあまりに自由奔放でめちゃくちゃな生活に呆《あき》れ果てて、半年以上も口をきいてくれなかったこともありました。敬《けい》虔《けん》なクリスチャンでピアノも上手だったおふくろは、とにかく質素で真面目だったのです。

大人になってからもしょっちゅう怒られました。最後に怒られたのはデビューしたころで、僕が「キリスト教の典礼文に、なんで〈右側〉っていう言葉がよく出てくるの?」と聞いたときで、「アナタ、そんなことも知らずによく指揮者になれたわね! あぁ情けない……!」

「あぁ情けない……!」は、昔から僕を怒るときの決まり文句……。

この『牛乳を注ぐ女』はおふくろが大好きだった絵で、病室の壁に十字架と一緒に飾ってあって、よくベッドから眺めていました。

フェルメール
『牛乳を注ぐ女』
世界美術大全集第17巻
『バロック2』(小学館)
より

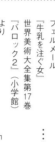

堅実に生きる女性の美しい姿を観ていたのだと思います。

この絵を観ていると、なんとなく「あぁ情けない……！」という声が聞こえてくるようで、心が柔らかくなります……。

おふくろはピアノが上手で、おふくろの兄はレオニード・クロイツァー（一八八四〜一九五三、ドイツから一九三三年に再来日して以来日本に定住したロシア人ピアニスト）の愛弟子で、結局、学者の道を選びましたが、ものすごい才能に恵まれた人でした。

今でも僕がなんとか指揮者をやっていけているのは、おふくろのおかげだと心から感謝しているのであります。

# 吉松隆さんの強烈な想い出、交響曲第3番

偶然にも、吉松隆さんにとってシベリウスは神さまでした。僕もシベリウスを愛しているので、それゆえ吉松さんの音楽に惹《ひ》かれたのだと思います。

一九九七年に発売された、BBCフィルハーモニックと録音した、吉松隆さんとの最初のCDは大好評で、日本でも話題になりました。そのおかげで、日本各地のオーケストラから客演指揮のお誘いをいただき、翌九八年に関西フィルハーモニー管弦楽団と定期演奏会で初共演。すぐに二〇〇〇年から正指揮者に就任(日本フィルハーモニー交響楽団の指揮者と兼任)することが決まりました。

当時から、日本のクラシック界の未来は「東京以外のオーケストラが、どこまで発展する

かがとても重要」と考えていたので、喜んで関西フィルに心血を注ぐ決心をしたのです。

そして、なにより関西フィルのラテン的な明るさと情熱的な演奏が、すごく魅力的でした。

就任当時は英国を本拠地に、年間七割を海外、三割を国内という形で活動していましたが、マネージャーさんと相談して、それを半々の割合にして、あらゆる面で関西フィルと活動を共にするようにしました（現在は日本を本拠地としております）。

毎年四〇公演近くを共演、二〇〇七年からは首席指揮者となり、今年（二〇二一年）で二二年目のシーズンになるのであります。


さて、吉松隆さんの話に戻ります。

英国名門レーベル「シャンドス」が、「ヨシマツが書いた曲はなんでもフジオカと録音する」という素晴らしい契約をしてくださってすぐ、吉松さんが最初に作曲したのが田部京子さんに書いたピアノ協奏曲「メモ・フローラ」でした。

それまでは、作曲しても現代音楽の世界で認められなければ、誰も演奏してくれなかったのが、「シャンドス」との契約で吉松さんはその呪縛から解放されました。

このピアノ協奏曲では、吉松さんが書きたかった、なんとも繊細で息をのむほど美しい世界と、明るく生き生きと躍動する音楽がみごとに共存しています。

編成が小さかったので、このときのオーケストラは僕が首席指揮者をしていたマンチェスター・カメラータ。一九九八年の定期演奏会で、まず田部さんと初演してからCD録音をしました。小編成オーケストラのための小品の数々もこのときに初演・録音しましたが、いずれも美しい傑作です。

今でも人気のあるCDだそうで、興味ある方は是非！　田部京子さんの美しい極上のタッチで描かれたヨシマツ・ワールドを堪能できます。

吉松さん、田部京子さんとCD録音

翌一九九九年、吉松さんはそれまでのすべてを注いで交響曲第3番を書き上げます。〝現代音楽〟とはまったく違う、吉松さんが書きたくて書きたくてしようがなかった交響曲。しかも、それを「藤岡幸夫」のイメージで書いてくださったのが交響曲第3番です。

当時、吉松さんの僕に対するイメージは、映画『七人の侍』の三船敏郎の役だったそうで、でき上がった交響曲は、黒澤明と大河ドラマとシベリウスとチャイコフスキーが良い意味で全部ごっちゃになった感じのすごいテンションの情熱的な交響曲。第1楽章などに出てくる古風な日本的旋律もとっても魅力的で、音楽のコントラストが素晴らしい。まさに吉松隆さん真骨頂の音楽です。

そして、このときはこの第3番をCD録音で初演するという、クラシックの世界ではたいへん珍しい……というか、無茶苦茶な企画でした。

通常は、演奏会での演奏をライブ録音するか、初演したあとにあらためて録音します。ところが、シャンドスが早くCDにしたくて、演奏会を待ちきれなかったのです（それまでに発売していた二枚がよく売れていたのです）。

いきなりスタジオ録音が初演というのは、まったくどうなるかがわからず、すごくリスクが高い。やってみなきゃわからないことだらけなのです。吉松さんにも僕にも大きなプレッシャーでした。

一週間前に、楽譜チェックのためのリハーサル。スコアが手書きだったし、四五分を超える大曲だったので、相当数のパート譜のミスが見つかり大変でした。

セッションの前々日に吉松さんが英国にやってきて、いよいよ録音がはじまります。

まずはカップリングする（交響曲と同じCDに入れる）、世界的サックス奏者須川展也《すがわのぶや》さんのために吉松さんが書いた協奏曲「サイバー・バード」から録音をはじめることにしました。

この「サイバー・バード」は大成功を収めて何度も再演されていた人気曲。須川さんはすでにほかのレーベルで、この協奏曲のCD録音をしていました。

吉松さんは交響曲の録音前から、

「フジオカ、絶対に『サイバー・バード』に負けるな！　どちらも僕の作品だが、交響曲より協奏曲のほうが良いなんて絶対に言われたくない！」と何度も口にしていました。

須川さんに録音セッションの先陣を切ってもらい、まずBBCフィルを圧倒してオーケストラにスイッチを入れようという作戦です。

この作戦は大成功。須川さんは最初の音からBBCフィルを圧倒。オーケストラは完璧にスイッチが入り、すごいテンションのパフォーマンスに。僕も指揮していて最高に楽しかった。そして、ヨシマツの音楽の素晴らしさに団員さんたちがあらためて共感して、翌日からの交響曲第3番の初演録音に気合いが入ったのです。

吉松さん、須川さんとCD録音。須川さんが、交響曲第3番の録音の応援に、連日来てくれました。このCDの3人のエネルギーは、本当にすごかった！　二度とできません。

予想通り、「サイバー・バード」の録音は大成功。交響曲もそれに負けないくらいのパフォーマンスをしなくてはなりません。録音ブースの吉松さんはすごい形相で、僕も決死の覚悟で指揮台に立ち、前日に録音を終えた須川さんも録音ブースにやってきて応援してくれました。

BBCフィルは第1楽章から火を吹くような強烈なパッションで、我々の想いに応えてくれました。連日、期待以上のオーケストラの集中力と燃焼度の高さで録音が進み、いよいよ最後の第4楽章。

第4楽章もオーケストラが素晴らしく、エキサイティング！　最後に「これでオッケーでしょ！」みたいなテイクが録《と》れました。

ちょうどクリスマス前だったので、オケのメンバーと「終わった!!　これでクリスマスだね」なんて話をしながらブースに戻ると、吉松さんがブスーッとしているのです。

「こんなんじゃダメだよ！」

と言う吉松さんに、

「何がダメなんですか？」

と聞くと、

「アンサンブルが良すぎる！」。

僕がびっくりして黙っていると……、

「こんなのはな、合ってなくていいんだよ！　これはロックなんだ！　完璧なアンサンブルなんかいらない。壊せ！　戻れ！　もういっぺん指揮台に上がって壊してこい！」。

このときはさすがに僕もアタマにきたのですが、とりあえ

吉松さんと。このプロジェクトで、英国シャンドスから吉松隆さん作品のCDを7枚発売しました。

ず指揮台に戻ると、団員さんたちの多くがもうクリスマスの三角帽子をかぶってる……（録音後に、スタジオの食堂で打ち上げを兼ねたクリスマスパーティーを予定していたのです）。

僕はご機嫌の団員さんたちに勇気を出して、

「もう一回やらせてください！　アンサンブルが良すぎるそうです！」

と言うと、さすがに団員さんたちもびっくり……、というか呆《あき》れてけっこう怒っちゃって、

「わかったよ、もう一回やりゃいいんだろ！　サチオ、本気で壊せよ！」。

何人ものプレーヤーが、三角帽子をかぶったままで演奏を開始。

オーケストラは本能的にアンサンブルするから簡単に壊れません。最後に盛り上がるところでみんな狂ったように演奏してくれて、僕もすごく煽《あお》ってテンポアップしたのですが、そのあたりがやっと壊れた演奏に。今度は吉松さんが笑顔で、

「こういうのがほしかったんだよ！　この楽章できれいなアンサンブルなんて聴きたくない！……」。

とにかくこのCD録音のときの吉松さんと須川さんと僕、三人のエネルギーは尋常じゃありませんでした。もう一度やれと言われても絶対にできない、すごいパワーと集中力。

録音後の打ち上げで祝杯を上げて大騒ぎをした翌日、帰国のため空港に向かう車の中で、助手席の吉松さんが正面を向きながら運転をする僕に、「交響曲第3番はキミに献呈するよ……！」と言ってくださり、本当にうれしかった。

このときのスコアは手書きで、吉松さんの強烈な想いがその筆跡から伝わってきます。吉松さんの夢と情熱にあふれたこの手書きのスコアは、僕の宝物なのです。

たまにこの手書きのスコアを開きながら、あのとき録音した演奏を聴いて、自分にカツを入れるのであります。

# 冨田勲先生ともう一度「源氏物語幻想交響絵巻」を



僕の大好きな作曲家の冨田勲先生（一九三二～二〇一六）も吉松隆さんと同じく、偶然にも僕と同じ高校の先輩です（ちなみに、松任谷正隆さん、千住明さん、ピアニストの舘野泉さんたちも高校の先輩で、音楽家になる人がけっこう多い）。

言うまでもなく冨田先生は世界的人気作曲家で、僕が海外のオーケストラを指揮すると必ずといってよいほど、「トミタ、知ってるか？」と聞いてくる団員さんがいます。それくらい世界中で愛されていました。

二九歳でNHK大河ドラマ第一回『花の生涯』の音楽を作曲し、その後、計五本の大河ドラマの音楽を担当したほか、『リボンの騎士』や『ジャングル大帝』など、数多くの映画やテレビ音楽を手がけた方です。

一九七〇年代に入ると、当時まったく知られていなかった新しい楽器「シンセサイザー」を使ったアルバムをつくり、それが次々に世界中でミリオンセラーの大ヒット！　一躍世界的人気作曲家になられたのです。

冨田勲先生と初めてお会いしたのは二〇〇八年。先生が作曲された大編成のファンファーレの初演を僕が指揮したときでした。

大競技場の四方の観客席に一〇〇人近くの吹奏楽団がそれぞれ配置され、僕は競技場の中央で指揮するという、とんでもないアイディア。

現地での練習当日、予想通り各吹奏楽団との距離がありすぎて、まったく上手《うま》くいかない。

競技場中央にいる僕は、無線で客席の先生に、

「先生！　こんなに距離が離れてたらアンサンブルなんて不可能！　絶対無理です！」

と言うと、無線機から先生の怒鳴り声。

「フジオカくん！　何を言ってるんだ！　僕はこのファンファーレを近いうちに地球と月で本気でやるつもりなんだ！　これぐらいなんでもないよ！」

このときは本当にびっくりした、というか呆《あき》れてしまったのですが、演奏は奇跡的に大成功。それ以来、先生とのお付き合いがはじまりました。

交響詩「ジャングル大帝」改訂版のCD録音や、サントリーホールでの日本フィルハーモニー交響楽団とのオール冨田勲プログラム、関西フィルハーモニー管弦楽団との「ジャングル大帝」「源氏物語幻想交響絵巻」の再演、音楽番組『エンター・ザ・ミュージック』での冨田勲の世界Ⅰ～Ⅲの収録などなど。食事にもよく誘ってくださったので、ずいぶんご一緒できました。

世界中で大流行したシンセサイザー作品は、単なる編曲ではありません。スコアを隅々まで深く読み込んだ芸術作品です。

「惑星」や「ダフニスとクロエ」ほか多くの作品で、オリジナルのスコアには書いてあるけど普通は聴きとりにくい音符たちを、みごとに浮き立たせて素晴らしい効果を上げています（ただし冨田先生曰《いわ》く、「ボレロは大失敗だったなぁ……」）。

また、冨田勲といえばシンセサイザーのイメージが強いですが、オーケストラ作品も本当に素晴らしい！　たとえば『新日本紀行』のテーマ曲は、今でも多くの人びとに愛されている傑作です。

交響詩「ジャングル大帝」は、雄大で旋律美にあふれる一方で、ジャズの要素が融合した色彩豊かなオーケストレーション！　とてもエネルギッシュで楽しく、そして美しい……、なかでも「星になったママ」は指揮するたびに鳥肌が立ち涙腺が緩んでしまう……。

僕がこの「ジャングル大帝」改訂版の初演録音を指揮したときの話。

フィナーレのオーケストレーションにご自身満足できず、録音後に先生は結局書き直して、なんと！　後日そのために自費で日本フィルとのセッションを組んで、フィナーレだけ録音しなおしたのです（もちろん、こちらも指揮させていただきました）。

「源氏物語幻想交響絵巻」は冨田勲先生の集大成で、約九〇分のすごい傑作！　冨田先生のこの作品に対する想い入れはすさまじく、その音楽は豪華《ごうか》絢爛《けんらん》！

雅な平安の世界が、みごとなサウンドと壮大なスケールで拡がり、聴き手を圧倒します。指揮していて平安の匂いがしてくるような、その独自の響きと美しさに何度も息をのみます……。

このほかにも素晴らしい管弦楽作品がたくさんあります。

亡くなる直前まで精力的に作曲を続けていらして、二〇一二年、初音《はつね》ミク（バーチャル世界の人気アイドル歌手）まで登場する総勢三〇〇人編成の大管弦楽合唱作品「イーハトーヴ交響曲」を完成。日本で初演したのち、中国でも大成功を収めました。

二〇一六年、その年の一一月に上演する新作「ドクター・コッペリウス」の打ち合わせ直後に心不全で亡くなられたのです。

先生と最後に言葉を交わしたのは、二〇一六年に入ってすぐでした。いつもはメールでやりとりしていたのですが、このときは珍しく突然携帯に電話をくださった……。

関西で再演した「源氏物語幻想交響絵巻」をなんとか東京でまたできないか？　というお話でした。

この作品は出演者が多く大編成で、すごくお金がかかるので、未だにその遺言を果たしていないのがなんとも心残り……。近いうちになんとしても実現するつもりです。

冨田先生は素晴らしい作曲家だっただけでなく、いつまでも少年のように情熱的で優しく、一緒にいて笑いが絶えない本当に素敵な方でした。

今年（二〇二一年）、関西フィルとの「源氏物語幻想交響絵巻」のCDを発売したので、興味ある方は是非！

普通のプレーヤーで再生できる、最新の技術で立体的なサラウンドを楽しめる素晴らしい録音のCDです。

冨田先生が生きていらしたら、満面の笑顔で喜んでくださっただろうなぁ……。

# 「1812年」とストックホルム



僕は英国を本拠地として一五年間、ヨーロッパ各国やオーストラリア、ニュージーランドで指揮活動を続けましたが、おもしろい経験をたくさんしました。

スウェーデンのストックホルムでの白夜の野外音楽祭に、ノールショピング交響楽団と出演したときのことは忘れられません。

このときのメインは、チャイコフスキーの大序曲「1812年」でした。

余談ですが、この曲を指揮するとき、いつもベートーヴェンを想い出します。

前作でも書きましたが、一八一二年はベートーヴェンにとって、天国から地獄へ突き落とされたような年でした。

前年に不滅の恋人と呼ばれる女性と恋に落ちて、狂喜乱舞するような交響曲第7番が生まれました。

そして一八一二年は、その恋人とチェコに温泉旅行をし……、おそらくそれはベートーヴェンの人生でもっとも幸せな夏でした。その想い出がこめられたのが第8番です。

しかし、この第8番を作曲中に不滅の恋人との激しい恋が突然破れ、さらに弟や甥との家族問題が起き、体調も崩して大スランプに陥ります。

そして復活するのに七年もかかるのです（じつはナポレオンがこの年にロシアに敗れたのも、ベートーヴェンに影響しているといわれています。ベートーヴェンを支えた貴族の多くが、ナポレオンの政策で潤っていたからだそうです）。

一八一二年の出来事がなければ、のちの「ミサ・ソレムニス」「第9」、後期の弦楽四重奏曲やピアノソナタといった大傑作が、まったく違う音楽になっていたかもしれません。

もちろん、このチャイコフスキーの大序曲「1812年」とはなんの関係もありませんが、この曲を指揮するたびに、毎回ベートーヴェンを想い出してしまいます。

さて、このチャイコフスキーの「1812年」、若いころはあまり好きじゃありませんでした。たしかにスペクタクルで派手だけど、なんだかそれだけの音楽？　みたいに感じていたのです。

しかし近年になってからは、あらためてよくできた曲だなぁと思うようになりました。

一八一二年は、ナポレオン率いるフランス軍がロシアを攻めて敗北した年で、この作品はそのロシアの大勝利を記念して、一八八〇年に作曲されました（だから、フランスではまったく演奏されないそうです）。

まず冒頭。チェロ4本とヴィオラ2本でのロシア聖歌がしばらく続きますが、この聖歌のメロディが素晴らしいし、オーケストレーションも絶妙です。

戦闘の場面もしっかりとした骨格のある音楽だし、そのあいだで奏でられるメロディは、ロシア民謡を彷彿《ほうふつ》させ、チャイコフスキーならではのシンプルなメロディで、とても美しく魅力的。

この曲は前述したように、ロシア軍がナポレオン率いるフランス軍に勝利したのを記念して書かれた曲ですが、なぜか負けるはずのフランス国歌が出てきて、なかなかかっこいい。

これはあくまで僕個人の意見ですが、チャイコフスキーにはフランス人の血も1/4流れているからじゃないか？　と思っています。

だから結果として、たとえばベートーヴェンの「戦争交響曲」のように（ベートーヴェンが書いた数少ない駄作のひとつ）、安っぽい作品にならなかったのでは……？　と勝手に思っているのです。

ところで、この曲で難しいのがクライマックスでのロシア軍の大砲の音です。

デビュー当時は、この曲にあまり愛着がなかったので、スコアにも書いてある大太鼓でいいやと思っていましたが、必ずお客さまから終演後にクレームがきました。

「楽しみにしてた大砲の音が聞こえませんでした……」。

そこで可能なときは、シンセサイザーで大砲の音をつくってスピーカーで流すようにしました。ところが、リハーサルではかなりすごい音がして、これで大丈夫！　と思っていても、やっぱり本番は聴こえないことが多い。

リハーサルでは良くても、本番はテンションが上がってオーケストラの音がさらに大きくなるので、結局かき消されてしまうのです。

今ではリハーサル中に、大砲の音でホール全体が振動するくらいの最大ボリュームに設定しています。

さて、ストックホルムの夏の野外音楽祭の話です。

毎年白夜の期間に、美しい古城で一週間、野外で行われる素敵な音楽祭があります。

この音楽祭にソプラノの大スター、モンセラート・カバリェ（一九三三～二〇一八）が出演したことがあります。その最終日に指揮したときのフィナーレが、この「１８１２年」でした。

大砲はなんと、お城の本物の大砲三門くらい？（はっきり覚えていません）を使ったのです。リハーサルのときにオーケストラのマネージャーさんが、大砲の音はむやみに鳴らすわけにいかないので、本番までのお楽しみにしてください！　とウィンクするので、僕も本物なら間違いなく聞こえるだろうとOKして楽しみにしていました。

そして、いよいよ本番。クライマックスになって大砲が鳴ったのは良いのですが……、ありえないほどものすごい轟音《ごうおん》で、オーケストラの音はかき消され、おまけに風向きも手伝ってステージも客席もすごい煙に包まれてしまったのです。

舞台上ではプレーヤーもビックリしてそっくり返り、次々に演奏するのをやめていく始末。それでもコントロールのきかない大砲は、すごい轟音でオケの音をかき消し続けます。コンサートマスターだけが、「サチオ！　振るのをやめるな！」と叫びながら弾き続け、徐々にほかのプレーヤーも再び演奏をはじめました。

最後はなんとかなったのですが、もう僕もオーケストラも笑うしかなかったし、大観衆も爆笑しながら、オーケストラと大砲に喝采を送ってくれました。ヨーロッパの人たちは大らかだなぁ……と、つくづく感じたものでした。

このときの演奏会はハプニング続きでした。

前半ではチャイコフスキーのチェロと管弦楽のための「ロココの主題による変奏曲」を演奏したのですが……、この曲は初演のときにソリストが勝手に変奏の順番を変えてしまい、それがそのまま出版され、それ以来この版で演奏されるのが当たり前でした（現在もこの版が使われることが多い）。

ところが、ソリストのジュリアン・ロイド・ウェバー（ミュージカル『オペラ座の怪人』の作曲者アンドルー・ロイド・ウェバーの弟）は、新たに出版されたばかりの、変奏の順番などが本来の形に戻されたまったく違う原典版で演奏するつもりで、前日のリハーサルにやってきたのです。

事前の連絡の手違いで、それを知らされていなかったオーケストラも僕も大慌て。楽譜がまったく違うので、その日のリハーサルはできず、当日のリハーサル開始直前にやっと楽譜が到着。本番はなんとか上手《うま》くいったものの、それはもう大変でした。

海外では、日本ではあり得ないことが平気で起こります。それに目くじら立てて怒ったりせず、大らかに対応しなくてはやっていられないのだと、つくづく実感させられた想い出の演奏会でした。

# F1レーサーにリハーサルを邪魔された！



日本では絶対あり得ない話で思い出すのが、スペインのオヴィエド歌劇場でのことです。

前作でも書きましたが、二〇〇六年にこの歌劇場に客演。ブリテンの歌劇「ねじの回転」を指揮してその年のベスト・パフォーマンスの賞をいただき、二〇〇九年に再び客演することになりました。

このときの演目は、僕の大好きなリヒャルト・シュトラウス（一八六四〜一九四九）のオペラ「ナクソス島のアリアドネ」。

とにかくこの作品は音楽が精緻で美しく、そしてコミカルで楽しい。

このときも前回同様、一流歌手たちと一か月間オヴィエドに缶詰め。

毎日一日中稽古をして、音楽も演出も徹底的に磨き上げます。世界遺産の街オヴィエドはすごく裕福で、オペラにも予算をとれるから、こうした練習ができるのです。

僕は、このときも映画のセットのような世界遺産区域の古い街にアパートを借りて、毎日歩いて歌劇場に通いました。ちなみにオヴィエドにいるあいだは、まったく乗り物を使うことがなく、不思議な感覚になります。

歌手たちとの音楽リハーサルや演出の稽古に加えて、オーケストラだけの練習も五日間たっぷりあって、とても幸せでした。

歌手たちとは、最初はピアノ伴奏でのリハーサルが続きま

スペインのオヴィエド歌劇場
写真提供：スペイン政府観光局

す。そして本番の一週間くらい前に、まずはオーケストラと歌手たちとの音楽だけのリハーサル。

そして次にオーケストラがピットに入り、幕ごとに演技をつけてのリハーサル。演技をしながらだと、歌いながら動いているので音楽的な問題が起きやすく、このリハーサルはすごく重要です。

ところが、この重要なリハーサルがはじまる数日前に、とんでもないニュースが飛び込んできました。

なんと、オヴィエド出身のスター、当時何度も優勝していたF1レーサーのフェルナンド・アロンソがチーム（ルノー）を引き連れて帰郷。街中をチームメイトと三台のマシンで走ることになったというのです。もちろん、公道はすべて封鎖してサーキットになり、しかもピットがなんと歌劇場の前!!

突然決まった話で、皆びっくり！

歌劇場の前にはピットが。
すごい轟音でした。

すごい騒ぎが予想されてたし、歌劇場のスタッフたちはなんと……、うれしくて大興奮……。この日の昼間予定されていた、オーケストラがピットに入っての大切なリハーサルはキャンセル……。

アロンソがF1で走る前日は、オーケストラピットの中のピアノ伴奏で行う重要な通しリハーサルでした。

このときは衣装もつけて、オーケストラがピットに入る前にあらゆることをチェックする大切な練習なのだけど……。

最高に美しいピアニシモの静かな場面で、突然「クォーーン！　クォーン！」と、ものすごいエンジン音……！　歌手の声が聴こえない！

歌劇場の前のピットで、翌日に控えてエンジンの調整がはじまったのです。

皆はもうその轟音（美音でしたが……）には呆《あき》れて、もう笑うしか

突然、公道を閉鎖してサーキットにするなんて、日本じゃ考えられませんね（笑）。街中がサーキットになっていました。

ないほどで……。

歌劇場は歴史ある古い建物なので、遮音性が悪くて、これではまったく練習にならないのです。

僕はさすがに頭にきたけど、仕方なくリハーサルを中止。みんなも「仕方ないね」と言いながら笑顔で帰っていくしかなく……。

こんなことも日本じゃ絶対あり得ないけど、ヨーロッパの人たちは皆、大らかだなぁと感心したものです。

そして僕ももちろん、翌日のF1走行に大興奮。

思いがけない休日となったのです。

こんなハプニングはあったものの、このときの公演も連日すごく上《う》手《ま》くいって大成功。次は「蝶々夫人」で再び客演することが決まっていたのですが、スペイン経済危機（二〇一二年）の影響で、オペラも

左から、ツェルビネッタ役のGillan Keith、、僕、作曲家役のKatharine Goeldner、アリアドネ役のEmily Magee。皆さん同役のCDやDVDを出している素晴らしい歌手たちで、最高でした。

大打撃を受けてキャンセル。今でも悔やまれます。

ところで、この「ナクソス島のアリアドネ」は、オペラは好きだけどまだ聴いたことがないという方には、絶対オススメです。

これぞR・シュトラウス！　という色彩豊かで品格高い音楽。ソロだけでなくアンサンブルも活躍するのが魅力的で、なにより楽しい！

そして、最後の美しさたるや……。

ハッピーエンドで終わるので、心がとっても柔らかくなる素敵なオペラなのであります。

INTERMISSION:04

## 忘れ物の話②

僕自身の忘れ物のいちばんの思い出は、演奏会のときではありませんが、なんと言っても上海に行くときにパスポートを持っていなかったことです。

関西フィルハーモニー管弦楽団と活動するようになって、四年目くらいでしょうか? 関西フィルの理事長を引き受けてくださったダイキン工業の井上礼之会長が、「中国の人と街の活力は勉強になるから見てきなさい」と、当時関西フィルの若き事務局長だった西濱秀樹くんと僕を、支社のある上海に招待してくださいました。

僕より一〇歳年下の西濱くんは、当時はまだ三〇代。ヨーロッパを本拠地として活動していた僕を、関西フィルに熱心に呼んでくれたのが縁で深い付き合いになり、当時僕たちはすでに一蓮托生《いちれんたくしょう》。二人はスポンサー集めや、いろいろな街のホールに営業に行くなど、

西濱くんと。現在は山形交響楽団の専務理事・事務局長として大活躍。

しょっちゅう一緒にいました。音楽的な面では、僕のやりたいことをできる限り実現してくれて、素晴らしいチャンスをたくさんつくってくれた大恩人でもあります。

敏腕だった西濱くんは頭脳明晰。僕にとっては出来の良い厳しい弟みたいなもんで、社会的常識が欠けている僕はよく怒られました。

さて、上海行きの当日。大阪梅田の常宿のホテルを出て、関西国際空港行きのバスを待っているときにハッと「パスポートを東京に置いてきた！」……背筋がぞっとしました。

すぐ東京のカミさんに電話すると、「わかった！　なんとかする！」という返事。

とにかくパスポートを忘れたなんて、西濱くんには恐くて口が裂けても言えない。

もし、パスポートを忘れたために上海に予定通りに行けなかったら、メインスポンサーになってくださったダイキン工業に対して大変な失礼になり、西濱くんが激怒するのが目に見えています。

僕はカミさんが奇跡を起こしてくれるのを祈るばかりでした。

自転車で買い物中だったカミさんは、携帯電話を切ってすぐ自宅に戻り、パスポートを手に取ると再び自転車を走らせ、途中でタクシーを拾って自転車は乗り捨てました。

高速は混むので、モノレールに乗るために浜松町へ向かいますが、駅近くが渋滞。タクシーを降りて駅まで猛ダッシュ。中学・高校で陸上部だったカミさんは脚力に自信があります。

モノレールに飛び乗ると、僕に電話してきて「ギリギリで間に合う国内線に乗れたらなんとかなるかも！」……。

羽田で降りるとカウンターへ一目散！　奇跡的に関西国際空港行

きの便に駆け込みました。

それを知った僕は、あとは飛行機が定時に着きますように！　と祈るばかりで、もちろん西濱くんには何も言わず……。

カミさんから「着いたわよ！　今からそっちへ行くわ！」と電話があったときは、うれしくて飛び上がりました。

突然空港に現れたカミさんを見て、西濱くんはびっくり。そして理由を知って、結局、僕は怒られてしまった。ただ、たった今乗ってきた飛行機で羽田へ帰っていったカミさんを賞賛してくれましたが……。

ところで、このときの上海旅行はすごくおもしろかったし、勉強になりました。

初めての中国でしたが、人と街のエネルギーがすごかった。おそらく戦後の日本の経済発展のときも、こんな空気だったのだと思います。夢にあふれ、世界に追いつけ追い越せ！の気合いが、街から伝わってきました。

また、世界で大活躍しているダイキン工業の力強さや、地元の人びとを大切にする優しさあふれたホスピタリティーにもたいへん感動しました。

「人を信じ、人の力で人の心を動かす」

という井上礼之会長の信念が社風にそのまま表れていて、ダイキン工業が我々関西フィルのメインスポンサーをしてくださっていることに、あらためて感謝の気持ちでいっぱいになった滞在でした。

大躍進の山形交響楽団
© Kazuhiko Suzuki

山形交響楽団の皆さん
© Kazuhiko Suzuki

西濱くんは関西フィルをみごとに発展軌道に乗せたあと、二〇一一年にヘッドハンティングされてクラシック以外の世界で活躍し、その後、再びクラシックの世界にカムバック。現在は山形交響楽団の専務理事・事務局長として、同オーケストラを飛躍的に発展させています。

山形交響楽団に客演するときは、毎回西濱くんと昔話に花が咲き、お腹が痛くなるほど笑うのを楽しみにしています。

# チャイコフスキーの交響曲第5番とブラームス



僕が在籍していた英国マンチェスターの王立音楽大学（ＲＮＣＭ）には、ゲルギエフやビシュコフをはじめ多くの名指揮者を生んだレニングラード音楽院のムーシン教授が、毎年教えにきていました。

ムーシン教授は本当に素晴らしい指揮者で、彼がＲＮＣＭの学生オーケストラとチャイコフスキーの序曲「ロメオとジュリエット」を指揮するのを最初に見たときは仰天！　音楽は生命力にあふれテンポも自由自在、オーケストラもスラブ民族の音色に豹変して、とても九〇歳の老人が指揮しているようには見えませんでした。

僕はこのムーシンから、チャイコフスキーやショスタコーヴィチ（ムーシンはショスタコー

ヴィチの友人で、交響曲第7番「レニングラード」などを何度も作曲者の前で指揮していま
す）について、いろいろ大切なことを教えてもらって、今でもすごく感謝しているのです。

たとえばチャイコフスキーの交響曲については、彼の自筆のスコアには本来テンポの指定
はほとんどなく、今印刷されているテンポ指定のなかには、チャイコフスキー本人の指定で
はないものが多いこと。

また、チャイコフスキー本人のものであったとしても、チャイコフスキーは自分が指揮し
てリハーサルが上手《うま》くいかないときに、そのときの思いつきで指定してしまい、それがその
まま（決して良い指定とはいえないのに）印刷されてしまったものも多いのだそうです。

またその一方で、チャイコフスキーはイン・テンポ（同じテンポを保つ）の演奏をたいへ
ん嫌っていたということ。

これはブラームスも同じことを言っているし、音楽家にとって当たり前のことですが……。
つまり、「何も指定がない＝イン・テンポ」ではないということです。

ルトスワフスキにも言われたことがありますが、作曲家側からしてみればテンポが生き物

なのはすごく当たり前のことで、指定がないからテンポが変わらない、という考え方自体がおかしいということです。

スコアの話に戻ると、

・交響曲第5番の自筆譜の第1楽章には「運命への絶対的な服従」、第2楽章には「絶望」という書き込みがあること
・交響曲第6番「悲愴」に関しては、第1楽章に埋葬の聖歌が出てくること
・テンポ指定のほとんどが「本来はないもの」か「自筆譜と違うもの」で、印刷されている指定のほとんどは、チャイコフスキーの追悼演奏会を指揮したナプラーヴニク（一八三九～一九一六）によるもの

という話は、まさに目から鱗《うろこ》でした。

ちなみに交響曲第4番までは、スコアにテンポなどの印刷された指定は少なく、非常にシ

ンプル。チャイコフスキーは第5番を作曲したときには自身で指揮をするようになっていて、リハーサルのときの指示が良くないものまで、すべて印刷されてしまったのだそうです。

とくにロシアでは、リハーサル時に楽譜に書き込まれた作曲家以外の指定や変更まで、そのまま印刷されてしまうことが多かった。

たとえば、チャイコフスキーの「ロココの主題による変奏曲」は、初演者によって変奏の順番まで変えられて出版されてしまいました。近年やっと犯罪解明に使う技術を使って、チャイコフスキーの筆跡とほかの人の筆跡との判別が可能になり、本来の原典版で演奏されるようにもなっています。

さて、前作ではチャイコフスキーの交響曲第6番「悲愴」の話を書きましたが、第5番も素晴らしい旋律にあふれ、情熱的でドラマティックなたいへん人気のある交響曲です。

第1楽章冒頭、クラリネットで暗く奏でられる「運命の動機」と呼ばれる主題が、形を変えて各楽章に現れます。

第2楽章では嵐のように現れ、第3楽章では最後に突然ひっそり顔を出します。
第4楽章では、冒頭から「運命の動機」が今度は堂々と長調で明るく演奏され、最後は勝利の音楽のように力強い。

ただし僕は、第4楽章は勝利に聴こえるが、真の勝利をつかもうとして手が届かない、悪魔が宿っている音楽だと信じています。

調性も途中で狂ったようになるし、ヴァイオリンには「feroce」という書き込みがあります。それは「強暴な」とか「荒々しく」といった強烈な意味で、この楽章のもつ性格が出ています（前作でも書きましたが、第6番「悲愴」の第4楽章でもさりげない書き込みがあって、それがその楽章の性格を決定づけています）。

だから、僕がこの第5番を指揮するときは、第4楽章でいかに狂った異様な音楽になるか?!　にこだわり、お客さまが最後に勝利の音楽のように感じたら失敗、だと思っているのです。

ところで、品格が高く繊細な第3楽章が素晴らしいのですが、すごく難しい。この第3楽章をいかに優雅に美しく、そして精緻に演奏できるかが大きなポイントなのです。この楽章が上手《うま》くいけば第4楽章で思う存分狂えますが、第3楽章が上手くいかないと雑な演奏というイメージが強くなってしまいます。

さて、この第5番を振るときにいつも思い出すのが、ブラームスとチャイコフスキーの僕の大好きなエピソードです。

当時チャイコフスキーは、ブラームスの音楽は魅力的な旋律が乏しく退屈だ、と音楽新聞などで公然と発言をしていました。

チャイコフスキーが自作の交響曲第5番を指揮しにハンブルグに来ていたときの話です。ブラームスも自作の交響曲第4番を指揮しにその前の週に偶然来ていて、同じホテルに泊まっていました。

ブラームスは、チャイコフスキーが自分を批判しているのを知っていましたが、わざわざ滞在を延ばしてチャイコフスキーの第5番を聴きに行きます。

それを知ったチャイコフスキーは喜んで、演奏後にブラームスを食事に招待して大いに飲んだそうです。


チャイコフスキーが第5番の感想を聞くと、ブラームスは正直に、

「第4楽章の最後以外は素晴らしい」

と答えました。するとチャイコフスキーはなんと！、

「自分もそう思っている」

と答えます。


そして後日、自分の弟宛ての手紙で、いかにその日が楽しかったか、そしてブラームスは素晴らしい人物で大好きだと伝え、さらに自分もじつは交響曲第5番の最後は嫌いなのだ、と書いているのです。

あれほどブラームスを嫌っていたのにチャイコフスキーも人の子、なんとも微笑ましいで

はありませんか。

なんだか気に入らない人でも一緒にお酒を飲めば仲良くなるかもしれない、というよくある話で、僕はこのエピソードが大好きなのです。

ところで実際、この第4楽章の最後の盛り上がる箇所が、あまりにもワザとらしくて指揮するのを嫌う指揮者も結構います。でも僕はこの最後は嫌いじゃない……、というか大好きです。この品格に欠けた、やたらに派手なフィナーレには、真の勝利があるようには聴こえない。それが魅力なのです。

作曲当時チャイコフスキーは、自身が同性愛者であることに苦しみ、すでに自殺未遂もおこしていたし、遺書のような文章も書いていて、精神的に健康とはいえませんでした。そのチャイコフスキーが必死に勝利をつかもうとして、もがいている音楽に感じます。それがこの交響曲の本質だと僕は思っているのです。

皆さんはどのように聴こえますか？

# ヴェルディの「レクィエム」



「椿姫」や「アイーダ」など、数多くの素晴らしい歌劇を生んだイタリアの作曲家ヴェルディ（一八一三～一九〇一）の「レクィエム」（死者の安息を願うミサ曲）は、僕のもっとも愛する曲のひとつです。

ヴェルディは気難しい人だったそうで、リハーサルではしょっちゅう怒り狂い、めったにほめませんでした。また、貧しい家庭に生まれたせいか、お金にすごくうるさく、頑固で気性が激しく、付き合いにくいタイプの人間だったといえます。

しかしその一方で、かつてお世話になった友人たちが病気になったときに全面的に援助したり、音楽家たちが引退したあとに暮らす養老院を自分の名前を伏せて建設したりと、本当の優しさをもった人でもありました。

成功してからは田舎に大きな農園をもって、そこでみずから土をいじって農民の生活を送っていました。彼は自分の農園を愛し、土いじりや大工仕事が忙しくて、何か月もピアノにまったく触れない、なんてこともしょっちゅうあったそうです。

彼がこの「レクィエム」を作曲した当時は六〇歳！　こんなエネルギーに満ちた音楽を六〇歳で書くなんて！


当時、ヴェルディは二番目の妻と農園で暮らしていました。最初の奥さんと、その奥さんとのあいだに生まれた子どもは病死。その後、当時プリマドンナだった二番目の妻と恋に落ちて、長いあいだ同棲したあとに結婚したのです。

ヴェルディが五〇歳の半ばを過ぎるころには二人の仲も冷めてしまい（奥さんはヴェルディを愛していましたが）、ヴェルディはまた違う女性と恋に落ちます。

相手はヴェルディがとても親しくしていた指揮者（ヴェルディの作品をたくさん指揮していた）の婚約者で、当時大スターだったソプラノのストルツ（一八三四～一九〇二）でした。そして、彼女はヴェルディより二〇歳以上年下でした。

「レクィエム」の前に作曲された歌劇「アイーダ」は、このストルツのために書いたともいわれています。

ストルツはヴェルディの住む農園の館にしょっちゅう出かけ、妻のいるその屋敷で情事を重ねたため、ヴェルディの妻は半狂乱のようになって何年も苦しみ続けていました。

そのさなか、ヴェルディがもっとも尊敬するイタリアの代表的詩人マンゾーニ（一七八五～一八七三）が死去します。

「アイーダ」のあと、もう歌劇は書かない（それは彼にとって、もう作曲しないということに等しい）と決めていたヴェルディは、「レクィエム」の作曲を決心します。

この「レクィエム」の初演は当時大成功だったにも関わらず、レクィエムとしてはオペラ的、通俗的と、強烈な批判を浴びます。

しかし、元々はマンゾーニの死がきっかけだったにせよ、彼は宗教音楽を作曲する気持ちなど毛頭なかったのです。


彼は神を心から信じていましたが、聖職者や教会を（若いころ教会でオルガニストをしていた時期があったにも関わらず）憎んでいました。

それは若いころ、教会や聖職者たちのせいで、奨学金を止められたり、ミラノ音楽院に入学できなかったことがあり（彼は結局、音楽学校には入学できなかった）、また当時は教会の腐敗が問題視されていたこともあるといわれています。


彼が作曲したかった「レクィエム」は、もちろん宗教的な面はあるだろうけど、人生も終わりに近づいた生身の人間の、死への恐怖、愛、悲しみ、そして優しさだったのです。

そして、作曲するのはこの「レクィエム」が最後だ！　という想いもこめられています。

彼が「怒りの日」（第2曲：Dies Irae）のスコアに、「強烈に叩く」よう指示した大太鼓の後打ちは、死への恐怖であると同時に怒りでもあります。

それは、当時の支配体制への怒り、自分をまったく理解していない評論家たちやジャーナリズムへの怒り、自分がお金のために若いころ多くの駄作を書いたことへの怒り、そして生命力を養うかのように二〇歳以上年下の若い女性と恋に落ちて妻を苦しめている自分自身への怒り……。

ヴェルディは、自分は地獄に落ちると信じていたといいます。

「怒りの日」とはこの世の終わりのことで、キリストが降臨して死者がよみがえり、すべての人びとが天国に行くのか地獄に行くのか裁かれます。

ヴェルディはその「恐ろしい日」に地獄へ行くと信じていた一方で、その恐怖に立ち向かう生命力が音楽にはあふれます。また、各ソロ・パートには深い心理描写（良い意味で感情的ですらある！）が与えられ、pp（ピアニシモ）、ppp（ピアニシシモ）、や dolcissimo（ドルチッシモ）の指示がすごく多く、その静けさが強いインパクトを生み出すのも特徴です。

強烈な「怒りの日」のテーマが何度も出てくるのが印象的ですが、本当の「レクィエム」の素晴らしさは、それ以外の曲の深い美しさと優しさにあります。オーケストラ（素晴らしいオーケストレーション！）と合唱とソロ・パートが、みごとに一体となった音楽なのです。

また、僕の個人的意見ですが、とくに四人の歌手たちのソロのアンサンブルが非常に重要で、すごく難しい。たびたび出てくるアンサンブルが、美しい音程で pp や dolcissimo がしっかり守られた品格高い仕上がりになるかどうかが、この「レクィエム」にとってとても重要だと思っています。ソロのアンサンブルが雑だと、「レクィエム」全体の品格が下がり、通俗的な音楽になってしまいます。

「レクィエム」も「アイーダ」と同じく、ストルツが歌うことを念頭に書かれました。

そして彼女の歌うソプラノソロ・パートは、ときに「Salva me ！（私を救ってください！）Li bera me ！（私を解放してください！）」と絶叫するのです……、いやはや……。

「レクィエム」の終曲「リベラ・メ（Libera me）」は、ずいぶん前にロッシーニが亡くなったときに作曲されたものでしたが（演奏はされなかった）、大幅に書き換えられて、ストルツの歌うソプラノ・ソロに重要な役割が与えられています。アカペラで歌われる、ソプラノと合唱の美しさたるや……。

そして、その「リベラ・メ」のクライマックスには「最強奏で」という指定があり、合唱が「ドミネ！　ドミネ！　ドミネ！　リベラ！　リベラ！　リベラ！」と、「ドミネ（主よ！）」と「リベラ（解放してください！）」を三回ずつ、しかもアクセントつきで絶唱するのです。

それはもうレクィエムではなくて、死を恐れる生身の人間の叫びです。

そして最後は「リベラ・メ（私を解放してください！）」と、合唱が二回静かに唱えて終わります……。

そもそも「レクィエム」とは、死者の安息を願うカトリック教会のミサ曲です。

多くの作曲家が同一のラテン語のテクストを使って「レクィエム」を作曲していますが、

テクストの選び方は作曲者によってまったく違います。

ヴェルディと並んで人気のある「レクィエム」には、モーツァルトやフォーレのものがあります。

たとえば、モーツァルトの「レクィエム」の最後は「ルクス・エテルナ（永遠の光）」で、最後の歌詞は「あなた（主）は情け深くあられますから……」。

フォーレの最後は「イン・パラディズム」で、最後は「（天国で）永遠の安息を得られますように……」で終わります。


どちらもとても宗教的です。ヴェルディの「レクィエム」のように、最後が「リベラ・メ」というのは珍しいし、音楽も宗教的というよりは生々しく、死を恐れる人間の叫びのようで、それが大きな魅力でもあるのです。

「レクィエム」の初演は大成功で、一一公演も連続して行われました。ソプラノのソロはもちろんストルツで、公演中ヴェルディはホテルでストルツとべったり。新聞が連日書き立てるこのスキャンダルの騒ぎも相当なものだったそうです。

余談になりますが、この「レクィエム」の作曲後しばらくたって、ヴェルディとストルッはだんだんと離れていきます。

（僕のまったくの個人的な意見ですが、ヴェルディが不倫相手ストルッのために書いた「お救いください！」「解放してください！」と叫ぶ音楽を連日ストルッは歌っていたわけですから、そりゃあ離れたくもなるわな……、と思ってしまいます）。

そしてヴェルディは妻を大切にするようになり、仲の良い老夫婦として過ごすのです。

どうしても、もう一度ヴェルディに作曲をさせたかった妻は、ヴェルディに「オテロ」に興味をもたせます。妻が仕組んだ計画通り、ヴェルデイはついに作曲を再びはじめますが、それはオテロの宿敵、嫉妬に狂うイヤーゴの音楽を書きたかったからなのです……。

歌劇「オテロ」が初演されたのは、なんと「レクィエム」の一三年後で七三歳！　そしてその後、ヴェルディは自分の分身ともいえる老いた男が主人公の喜歌劇「ファルスタッフ」

を七九歳で書き上げるのです。すごいエネルギーですね。

八〇歳を過ぎて、愛する妻は自分の傍らで天国に逝くのですが……。ヴェルディの妻が亡くなったあと、なんと……！　再びストルツがヴェルディに寄り添うようになり……、ヴェルディが亡くなるまで一緒に暮らすのです。いやはや……。

ヴェルディは最後まで男でした……！

ストルツの話を主に書きましたが、もちろんこの話はヴェルディの「レクィエム」にとってたくさんある要素のひとつに過ぎません。

いちばん大切なことは、この作品は宗教的なことだけでなく、それを超越した地上の人間の心の叫びでもあり、多くの人びとに深く訴えかける素晴らしい傑作だ、ということなのであります。

# 恐妻家だったハイドン

ハイドン（一七三二～一八〇九）のオラトリオ「四季」もまた僕の大好きな合唱作品で、自然への賛歌と神への感謝、そして愛情とユーモアにあふれる傑作です。

以前、日本フィルハーモニー交響楽団&日本フィルハーモニー協会合唱団とヴェルディの「レクィエム」を演奏した直後に、関西フィルハーモニー管弦楽団&大阪アカデミー合唱団と、このハイドンの「四季」のリハーサルがありました。

ヴェルディの本番の翌日、ハイドンのスコアを開いても「レクィエム」の世界が強烈すぎて、なかなか頭が切り替わりません。

そんな僕の頭のスイッチを切り替えてくれたのが、「秋」のなかの「バンザイ！　ぶどう酒だ！」という曲でした。

なんてったって、出てくる歌詞が、

「さぁ！　飲もうぜ！　兄弟！　愉快にやろう！」

に続いて、

「バンザイ！　ぶどう酒バンザイ！
『樽！』バンザイ！　ぶどう酒の入れ物の『樽！』
『かめ！』バンザイ‼　ぶどう酒が流れ出てくる『かめ！』」

……ですもの……！　とにかく楽しい。

さすがに頭の中からヴェルディの「レクィエム」が消えて、ハイドンの世界にのめり込めたのです。

ところで、ハイドンの「四季」は最後にCmajor（ハ長調）の和音で幸せに「アーメン!!」で終わりますが、ヴェルディの「レクィエム」の最後「リベラ・メ」と唱える和音もまったく同じCmajor……！

曲の最後を締めくくる和音がまったく同じド・ミ・ソの和音なのに、響きの世界がこんなにも違います。当たり前といえば当たり前ですが、二つの作品とも傑作なだけに強烈なコントラストにあらためて感動します。

音楽の素晴らしさよ!!

ハイドンはとても温かい性格で家族や友人を大切にし、ユーモアにあふれた紳士でした。多くの人びとに慕われたことでも有名です。
ただ、長年連れ添った三歳年上の奥さんが、クラシック史上最悪の妻だったことはあまり知られていません。

この悪妻さんはすごい浪費家で、ハイドンのお金はまったく貯まらなかった。それでも彼女が先に亡くなるまで、穏便に一緒に暮らしていたといいます。

ハイドンのもう一つのオラトリオ「天地創造」の最後に、こんな歌詞が出てきます。

おお！　幸いなる夫婦よ！　持てる物より多くを欲したり、定められたものより多くのことを知りたがったりする悪い妄想が、汝らを誘惑しなければ、二人は永遠に幸せである！


……なんとも微笑ましく勉強になります。（笑）

ちなみに、この悪妻さんが亡くなるのは「天地創造」完成の二年後（彼女は七一歳）。彼女が亡くなったあと、ハイドン（六八歳）は遺言を書きます。そこに、なんとハイドンが四七歳のときに恋に落ち、大昔に別れていた女性（ハイドンはもちろん当時結婚していた）

にも財産を分ける箇条を書いているのです。

いやはや……、なんとも立派、オトコの鑑ですね！

でも、すごいのはやっぱりハイドンの音楽そのもの……。

「天地創造」も「四季」も斬新なアイディアにあふれ、そのオーケストレーションは当時としては革新的で色彩豊か！　絵画的ですらあります。そして、とにかく転調が素晴らしい（ときにギョっとするほど）。その音楽は品格高く、自然の美しさと生きる喜びにあふれているのです……！

ヴェルディ「レクィエム」の楽譜

ハイドン「四季」の楽譜

# エルガー交響曲第1番

愛妻家の作曲家といえば、僕の大好きな英国の作曲家エドワード・エルガー（一八五七～一九三四）が有名です（同世代の作曲家プッチーニより一歳年上、マーラーよりは三歳年上）。

日本でもCMなどでよく流れる人気曲「愛の挨拶」は、エルガーが妻のアリスと婚約したときに贈った作品で、原曲はピアノとヴァイオリンのために書かれています。

ちなみに、アリスはエルガーより八歳年上で、上流階級の軍人の娘。一方のエルガーは、一五歳までしか学校に行っていない、楽器屋の店頭で働く無名の音楽家。しかも英国では異端のローマカトリック信者。家柄の違いで周囲から交際を猛反対されました。それでもやっとのことで婚約したとき、エルガーは三二歳でアリスは四〇歳。このときに、この「愛の挨拶」が生まれたのです。

たまに、この「愛の挨拶」が速いテンポでさらさら軽く演奏されているのを耳にしますが、この曲にはもっと深い思いがこめられているのです。

さて、一九九三年に僕がＢＢＣフィルハーモニックの定期演奏会でデビューしたときのマンチェスターのフリートレードホールは、エルガーの交響曲第1番が初演されて大成功を収めた歴史的ホールでもありました。そのため、僕はとくにこの交響曲第1番に思い入れがあります。

ところで、英国というと紳士的なイメージがありますが、英国に対して日本人はちょっと穏やかなイメージをもちすぎるような気がします。

BBC フィルの本拠地だったフリートレードホール
https://www.asianprofile.wiki/wiki/Manchester_Lesser_Free_Trade_Hall より

大英帝国を築いた英国人は紳士的ではありますが、ときに攻撃的で熱狂的だし、サッカーのフーリガン（過激なファン）でも知られるように凶暴にすらなります。国民性でいえば僕の感じる限り、たとえばドイツ人のほうがずっと行儀よくおとなしい。

エルガーの交響曲第1番も日本での一般的なイメージは紳士的？で、熱いイメージはあまりないような気がしますが、とんでもない！　情熱と野心に満ちたギラギラした交響曲なのです。

この交響曲の冒頭に「Nobilemente（高貴に）」という指定があります。これはエルガーがほかの作品でも好んで使う指定ですが、本当に高貴な人であれば、こんな指定をすることすら思いつきません。

前述したように、エルガーは中等教育しか受けていない楽器屋の息子。のちに妻となる上流階級の娘アリスとの結婚を周囲から猛反対されたりして、上流階級に対するコンプレックスが強烈にありました。

　また、エルガーはローマカトリック信者でした。これは日本人にはわかりにくいけど、英国ではローマカトリックは少数派で異端です。

　僕も学生時代、英国人にローマカトリックの教会の場所を聞いたりすると、必ず「えっ？・」という表情をされてびっくりしました。北アイルランド紛争でもわかるように、このローマカトリックをめぐって、つい最近まで殺し合いをしていたくらいなのです。

　日本でいう中卒で、しかもローマカトリック信者という異端児が成功を収めるのは、並大抵のことではありません。

　それでも管弦楽曲「エニグマ変奏曲」の成功を皮切りに、エルガーの知名度は上がり、世界的にも認められるようになりました。一九〇四年、四七歳のときにはナイトの称号まで受けます。ところが収入はその名声に見合うほど、決して多くはありませんでした。

　そんなエルガーが、音楽家としてさらに世に認めてもらうべく、交響曲第1番を完成させたのは一九〇八年、すでに五一歳のときです。情熱にあふれ、あらゆるアイディアを駆使して作曲家として勝負をかけた、強烈な想いのこめられた交響曲なのです。

この交響曲は、エルガーの二つの対極的な性格がよく出ているのも大きな魅力です。闘争的で情熱あふれた熱いエルガーと、深い優しさに満ちた自然を愛してやまないエルガー。

そしてこの交響曲は、良い意味ですごく人間臭い！　情熱、闘争心に優しさ、深い愛……。すでに名声を得ていた五一歳のエルガーが、さらなる勝負をかけて必死に音楽を書いている……！　と感じるのです。

第1楽章の冒頭、いきなり奏でられる美しい主題は交響曲全体のメインテーマで、循環主題とも呼ばれます。この主題がすぐに大きく盛り上がるのも特色。

最初にメインテーマを盛り上げてから、音楽を組み立てはじめるという手法です（第3楽章でもこの手法が使われます）。

このあとすぐに「情熱的に」と指定された主題で、アレグロの音楽がまさに情熱的にソナタ形式で展開します。

生命力あふれる闘争的な音楽と、叙情的で優しさに満ちた音楽のバランスが素晴らしく、スコアはすごく立体的で緻密に書かれています。

ところでエルガーは、〈con fuoco〉（炎のように）という指示を好んで使う作曲家です。

前作でも書きましたが、エルガーの人気曲「威風堂々第1番」のタイトル「威風堂々」は日本だけの意訳で原題は違います。この曲の冒頭を威風堂々のイメージで演奏していたら、それは間違いです。

冒頭の指定は〈Allegro molto con fuoco〉で、「ものすごい炎のように速く」なのです。「炎のように」という指定は、この交響曲の第1楽章や第2楽章でも使われています。

さて、音楽がドラマティックに展開したあとに、冒頭のメインテーマが回帰するのですが、そこがこの第1楽章の醍醐味《だいごみ》です。

序奏と同じ変イ長調（この交響曲の調性とされるが、ほとんど出てこない……、ゆえに効果的）ですが、序奏では大きく盛り上がったのとは対照的に、ここではなんと、ベース以外の弦楽器の各パートのいちばん後ろのプルト二人（Last Desk）が、このメインテーマを静かに演奏するのです!!

いちばん後ろの奏者二人だけがテーマを演奏するというこの素敵なアイディアは、立体的な素晴らしい効果を生みます。CDなどでは気がつきにくいかもしれませんが、ホールで生で聴くとよくわかります。

第4楽章でもこの同じアイディアが活躍します。そのため、以前英国で指揮したときですが、このパートを弾きたい人たちがLast Deskの取り合いをして、リハーサルが遅れたことすらあるのです。

第2楽章はさらに野性的です。sf（スフォルツァンド）や強いアクセントが多く使われ、打楽器が活躍して華やか。また、映画『スター・ウォーズ』に出てきそうな闘争的な旋律も効果的。

その一方で、この楽章でも対照的に叙情的な音楽がみごとに絡み合い、素晴らしいバランスを生んでいます。

そして、この楽章は冒頭に〈Allegro molto〉とあるだけ……。速度の指定はそれだけで、リタルダンド（だんだん遅く）の指定すらないのも珍しい。

ただ、エルガー自身のこの交響曲の録音が残っているのですが、スコアにはまったく指示のない箇所でのテンポの振幅が大きく、驚かされると同時にうれしくなります。たとえばヴォーン・ウィリアムズ（RVW）の自作自演でも同じ。何も指示がない箇所でも、その音楽が要求していれば、テンポが大きく揺れるのは当たり前、ということです。

とくにこの第2楽章は、まったくテンポ指示がスコアに書いていないのにも関わらず、エルガー自身による指揮のテンポの振幅は激しく、聴きながら「そこまでやっちゃうの？」と、思わず呟《つぶや》いてしまうくらいで、すごく興味深い。

野性的なテーマとは対照的に表れる、自然を連想させられる箇所も素敵です。ここはエルガー自身が、「川岸に下りたときに、風に吹かれて聞こえてくる音をイメージして」と言ったことで知られていますが、エルガーの故郷にある川岸の葦《アシ》の揺れる音では？　ともいわれています。また、ここではハープがとっても効果的。

第3楽章は、第2楽章の16分音符の速いテーマが、今度は音列をそのままに8分音符に置き換えられてゆっくり演奏されます。それがこの楽章のテーマとなる斬新なアイディアで、第2楽章の荒々しいテーマと同じ音の並びなのにテンポを遅くして、まったく別の息をのむような美しい世界に！

第4楽章冒頭では、再びベースを除く弦楽器の各パートのいちばん後ろの二人が活躍して、素晴らしい立体的効果を生みます。

アレグロに入ると、音楽は生命力あふれ男性的に。音楽がまるで勝利へと向かうように力強く推進します。

途中、突然静けさを迎え、再び各弦楽器パートのいちばん後ろの二人がメインテーマを調性を変えて奏で、なんともロマンティックで叙情的な世界が立体的に拡がります。この箇所もとっても魅力的で、エルガーの真骨頂。二台のハープも素晴らしい効果を生みます。

再び音楽は力強く推進してクライマックスを迎えます。メインテーマがやっと本来の変イ長調で表れますが、ここで最初はなんと！　金管楽器では3番トランペットだけ！が、テーマを高らかに歌うのです（多くの場合、目立つ旋律のソロは1番トランペットが担当します）。僕はこの珍しいアイディアが大好きで、初演時のオーケストラの3番トランペット奏者はエルガーの仲良しだったのかしら？　と想像すらしてしまいます。

そして、クライマックスが発展してメインテーマがオーケストラ全体で豪快に歌われたあと、テンポを上げてドラマティックに感動的に終わります。

初演された一九〇八年は大不況の年で、この最後のクライマックスはエルガー自身「未来に対する大きな希望」と語っていたそうで、初演は大成功。それから一年間で、なんと一〇〇回以上も再演されたのです。

日本では、ブラームスやチャイコフスキーは好きだけど、エルガーはまだあまり知らないという方がたくさんいらっしゃると感じます。

たまには、エルガーも聴いてみてはいかがでしょうか?

フリートレードホールのロビー。エルガーの交響曲第１番が初演されて大成功を収めた、歴史あるコンサートホール。

INTERMISSION:05

## スペインで パスポートをスラれて大騒動

忘れ物の話ではありませんが、パスポートといえば必ず思い出す苦い思い出があります。

二〇〇六年一二月にスペインのオヴィエド歌劇場で、ブリテンのオペラ「ねじの回転」を終えた翌日、朝早く空港へ向かいました。大阪到着の日に関西フィルハーモニー管弦楽団とのリハーサルがあり、翌日にはザ・シンフォニーホールで毎年恒例のクリスマス・コンサートがあったのです。

アムステルダム経由で帰国する予定で、まずは無事バルセロナに到着。国際線のゲートに向かい、パスポートコントロールを通り、再び荷物の検査をすませて、アムステルダムに向かう飛行機の搭乗口前のベンチでアナウンスを待ちました。

荷物はカミさんに見てもらって、近くのトイレに入ろうとした途端、男がすごい勢いで僕を突き飛ばして去っていき、僕は床に倒れてしまいました。きっと飛行機の時間ギリギリで急いでいたのだ、と思いながら起き上がり、用をすませてカミさんのいるベンチに戻りました。

アナウンスがあり、搭乗口でチケットとパスポートを見せるときに、なんとパスポートがない……、背筋が凍りつきました。さっき倒されたトイレ周辺を探してもない。搭乗口のスタッフに事情を説明すると、僕を乗せることは絶対にできないと言われ、さらにスタッフはカミさんに向かって「アナタは乗るの？　乗らないの？　早く決めてちょうだい！」と半ば怒りはじめる始末。カミさんは一瞬考えて乗るのをやめました。この事態を乗り切るには二人いたほうが良い、と判断したようです。

バルセロナの空港

ぶつかってきた男はスリで、このころ同じ手口のスリが横行していたそうです。パスポートコントロールを通過したあとに、まさかスリなんかいるはずないと思って安心している東洋人がターゲットだそうで、いやはや……。

搭乗するのをあきらめたカミさんは、乗るはずだった飛行機に預けた荷物を取りに行き、僕はバルセロナ市内の日本国総領事館にタクシーで向かいました。

真っ先に車中で西濱くんに携帯で国際電話。怒られるかと思ったらすごく心配してくれて、代役を探すから大丈夫です、という返事。ロンドンのマネージャーのニックに報告すると、すぐにオヴィエドの歌劇場に事情を説明してくれて、歌劇場のスタッフが総領事館に電話。

「フジオカは素晴らしい指揮者で、帰国した翌日に演奏会があるから、なんとかしてくれ。演奏会に間に合わなかったらスペインの恥だ！」

と言ってくださったのです。

総領事館に着くと、すぐに写真を撮ってから接待用の部屋に通してくださいました。スタッフの女性が「通常二週間かかるけど、特別にパスポートをすぐに発行します。こんなの、当領事館で初めてで最速ですよ」と笑顔で説明してくださり、ほっとしていると「お腹減ってるでしょ」と日本製のカップラーメンまで出してくださったのです。本当に親切な方で感激でした。

カップラーメンを食べてから、発行されたばかりのパスポートを手に、急いでタクシーで空港へ。カミさんはすでに荷物を受け取って、帰国する飛行機の時間を調べていました。

在バルセロナ日本国総領事館

ドイツのアーヘン歌劇場。カラヤンが26歳の若さで音楽総監督に就任した。

とにかくバルセロナから移動することにして、パリの空港ホテルで一泊してから直行便で帰国することに。航空会社のマイルのポイントだけで二人分のチケットを手に入れることができて感激（当時はすごい勢いで飛行機を使っていたので）。パリの空港ホテルにたどり着いたときは、とりあえず胸を撫《な》で下ろしました。

とはいえ、関西国際空港には本番当日の朝着なので、本番には間に合いますがリハーサルはできません。西濱くんは先輩指揮者の北原幸男さんにお願いしてくれていました。

北原さんはドイツのアーヘン歌劇場（カラヤンが若いころ音楽監督をしていた）の音楽総監督をされていた素晴らしい方。西濱くんに、僕のためにリハーサルしただけなんてすごく失礼になるから、北原さんに本番も振っていただこうよ、僕は客席で聴くから、と提案しました。
西濱くんも賛同してくれたのですが、すでにプログラムに僕の名前があるのにまったく指揮をしないのはおかしい？　ということに。結局、お客さまに事情を説明して、幸男と幸夫がプログラムの半分ずつを指揮するという、ふだんとは違った素敵な演奏会となったのです。今でも北原幸男さんには本当に感謝しているのであります。

空港のスリなんてヨーロッパでは珍しくありませんが、日本人の感覚ではやはり驚きます。英国在住時代は、日本の治安の良さは特別なんだなぁ……、とよく感心したものです。

そういえば、こんなこともありました。
英国でデビューして数年後に、ホンダのワゴン車をリース契約で手に入れました。ピカピカの新車がマンチェスターの我が家にやってきて数日後……、朝起きて部屋の窓から目の前の駐車場を見ると、その愛車のタイヤとホイール四本が盗まれているではありませんか！

幸いその泥棒は、車体の二か所を石で支えて浮かせていたので、クルマは壊れなかったものの大ショックでした。それにしてもタイヤ泥棒がいるなんて！　英国ではよくあることで、多くの人たちは鍵つきのホイールを使用していると、あとで知りました。

ちなみにカーステレオは、毎回常に取り外して家に持ち帰るのが常識です。英国ではカーステレオを盗まれることが多く、売られているカーステレオの多くは、簡単に取り外しができるタイプなのです。びっくりですよね。

ヨーロッパで活動するようになって、日本の素晴らしさにあらためてたくさん気がつきましたが、日本の治安の良さは、本当に特別です。

ついでに書きますと、日本の食事は本当に美味しい！ 和食はもちろんですが、イタリアやフランスの有名レストランより、日本で食べるイタリアンやフレンチのほうが僕には美味しく感じます。それに、日本は安くて旨い食事をできるお店がたくさんあるのも魅力。また、近年の日本のコンビニで買える食品もびっくりするくらい美味しいものが多い。

日本は素晴らしい国です！

# 「青ダニ」「タコ5」「星ピカ」なんて、やめてほしい！

日本の音楽業界では、曲名を省略して呼ぶ習慣がありますが、僕はこれがキライです。なんだか作曲家と作品をバカにしてるようで、どうしても好きになれないのです。だから僕は基本的に使いません。

たとえば「青ダニ」って、なんの曲だかわかりますか？　ヨハン・シュトラウス二世のワルツ「美しく青きドナウ」のことです。ドナウ川の別表記ダニューブ川からきているらしいのですが、「ダニ」という響きが絶対に許せない。

団員さんからリハーサル前に、「今日の練習は青ダニからです」なんて言われちゃうと、それだけで美しい演奏ができない気がしちゃいます。

ところで、ドナウ川は、実際はあまり青くもなく美しくもありません（もっとも近年はずいぶんキレイになっているようですが……）。ただ、恋人たちには美しく青く見えるそうで、僕はいつも、恋をしている人たちの目に映るドナウ川のように、美しい演奏をめざします。

ちなみに数年前にカミさんとウィーンに行ったときに、二人でドナウ川を見にいきましたが、残念ながらとくに青く美しくは見えませんでした。まぁ、結婚して三〇年もたってりゃあそんなもんです。

「タコ5」はショスタコーヴィチの交響曲第5番のことですが、「タコ」だなんて！　ショスタコーヴィチを侮辱しているようで、本当にやめてほしい。

「チャイ4」はチャイコフスキーの交響曲第4番のことで、「チャイ5」もよく使われます。チャイなんてお茶を連想します。バカンスでトルコに行ったときなど、よく「チャイ」を飲んだので、団員さんから「さあ、チャイ4です」なんて言われると、それだけでバカンス気分になってロクな指揮ができません。

「ベト7」もトンデモない略語。ベートーヴェンをバカにしてるし、僕は交響曲第7番でベトベトした演奏は絶対にしませんから。

「ベルレク」に「モツレク」は、ヴェルディとモーツァルトの「レクィエム」。

「ミサソレ」は、ベートーヴェンの「ミサ・ソレムニス」……。

神聖な宗教曲の大傑作をバカにしているようで許せません！　それになんで、ブラームスのドイツ・レクィエムは、「ドイレク」とか「ブラレク」とかに略さず、ちゃんと「ドイツ・レクィエム」と呼ぶのでしょう？　依怙贔屓《えこひいき》ではありませんか？

よく使われる「メンコン」は、メンデルスゾーンのヴァイオリン協奏曲ですが、コンタクト屋じゃあるまいし……！

「星ピカ」は、プッチーニの歌劇「トスカ」のなかの有名なアリア「星は光りぬ」のことですが、ピカチューを連想してちっとも悲しい気持ちになれません。

「ドボ8」は、ドヴォルザークの交響曲第8番。「ドボ」はなんとなくドブを連想して汚いのでキライ。

「シベ2」は、シベリウスの交響曲第2番ですが、僕の尊敬するシベリウスを「シベ」呼ばわりするなんて、絶対にあってはならない!!

アマチュア・オーケストラの世界はこの習慣がもっとヒドイようで、さらに許せない。

「エル1」は、エルガーの交響曲第1番のことらしいですが、洋服のサイズじゃあるまいし、ちゃんと「エルガー」と呼びなさい！

「マラ9」は、マーラーの交響曲第9番。至高の傑作をそんな呼び方をして良いのか！　と声を大にして言いたい。

このほかにもまだまだたくさんありますが、ぜひとも作曲家と作品に敬意を表して、略語の使用はやめていただきたい、と思っているのであります。

## 羽田健太郎さんの想い出と〈神のお告げ〉



二〇〇〇年から関西フィルハーモニー管弦楽団と活動をはじめて三年目くらいだったでしょうか？　日本のポップス音楽界を牽引《けんいん》していたピアニストの羽田健太郎（一九四九〜二〇〇七）さんと初めて共演しました。

ハネケンの愛称で知られたピアニスト・編曲家・作曲家だった羽田健太郎さんは、ポップス・フュージョンや劇伴音楽の世界で大活躍された方ですが、桐朋学園大学（音楽科が有名）の付属高校の音楽科と大学でクラシックを勉強され、大学時代には日本音楽コンクールのピアノ部門で三位に入賞されています。

また、当時ＮＨＫ交響楽団をはじめ、各オーケストラのクラシック演奏会のソリストとして、ガーシュインの協奏曲などでよく共演されていて、それまでのポップスのピアニストとは一線を画す存在でした。

二〇〇一年からはテレビ番組『題名のない音楽会』の司会もされて、クラシック音楽の啓《けい》蒙《もう》にも力を入れていらしたので、羽田さんとどんなお話ができるのか、すごく興味がありました。

じつは一九九八年の大晦日《おおみそか》、Bunkamura（東京都渋谷区）で行われる東急ジルベスターコンサートで共演するはずでした。毎年テレビで生中継されるコンサートで、このときのカウントダウン曲はガーシュインの「ラプソディー・イン・ブルー」でしたが、羽田さんは病気でキャンセル。前田憲男さんが代役で弾いてくださいました。

初めて羽田さんにお会いするやいなや、前述した大晦日のコンサートをキャンセルしたことを謝ってくださり、リハーサルはとても楽しく新鮮で、すごく勉強になりました。

本番会場は大阪府門真《かどま》市のルミエールホール。それまでも関西フィルを毎年呼んでくださり、演奏会だけでなく、地元の学校の生徒さんとの音楽観賞会も企画してくださっていた素敵なホールです。

本番当日もリハーサルから羽田さんはご機嫌。共演曲はベートーヴェンのピアノ協奏曲第4番だったのですが、冒頭のソロから羽田さんならではの優しい温かい響きで、とっても魅力的でした。羽田さんにとってこの協奏曲は、大学時代に日本音楽コンクールで入賞した思い出の曲で、久しぶりに弾けてすごくうれしかったのだそうです。

本番前のリハーサルが終わるとすぐに、羽田さんが「僕の部屋においでよ」と、控え室に呼んでくださいました。クラシック音楽の裾野を拡げるアイディアの話かな？　なんて勝手に想像しながらお部屋にうかがうと、

「フジオカくんは、ルトスワフスキの前で彼のオケコン、振ったんだろ？　そのときの話を聞かせてよ。あのオケコンは傑作だし、ルトスワフスキ大好きなんだ」

びっくりしました。ルトスワフスキは本書でも紹介しましたが、クラシックの現代音楽の作曲家としては有名でしたが、一般的に人気があったわけではありません。オケコンとは「管弦楽のための協奏曲」のことで、「オーケストラのためのコンチェルト」の略称。素晴らしい作品ですが、決して有名な曲ではありません。同じオケコンでもバルトークが作曲した作品はたいへん有名で人気がありますが……。

このとき、羽田さんはこの「管弦楽のための協奏曲」のスコアを持っていませんでしたが、曲をよく覚えていて、すごく細かく、それでいて非常に的確な質問を次々にしてくるので、またびっくり！

僕は、ちょうどオーストラリアでこの作品を指揮してきたばかりだったし、それまでにも何度か指揮していたので、羽

ルトスワフスキを囲んで。

田さんの質問に答えることができたのですが、その質問がおもしろく、逆にすごく勉強になったのです。

結局、本番直前まで二時間近くルトスワフスキの話だけで盛り上がったのですが、羽田さんは本当にクラシック音楽を愛している方なんだなぁ、とあらためて感動でした。

そして本番の、ベートーヴェンの協奏曲第4番を弾くのがうれしくてしようがない、という羽田さんの素敵な表情は、今でも目に焼きついています。

本番後に満面の笑顔で、「今度は何を一緒にやろうか？」と言ってくださったのですが、結局、この共演が最初で最後でした。

このときの門真市のルミエールホールも、翌年から指定管理者制度が導入されて運営体制が大きく変わり、関西フィルはここで演奏会をできなくなりましたが、ハネケンさんとの門真の思い出は、しっかりと心に焼きついたのです。

一昨年末（二〇一九年一二月）にはじまったコロナ禍は、世界中に大きな被害を与えています。

クラシック界でも多くの演奏会がキャンセルされるなど、現在（二〇二一年四月）でもたいへんな被害を受けています。

関西フィルも昨年、事務局と練習場がある大阪市弁天町のビルの持ち主会社が大打撃を受けて、ありえないような賃貸料値上げを迫られました。結局、関西フィルは行き先が決まらないまま、突然引っ越しを余儀なくされることになったのです。

コロナ禍を逆手にとり、いかにそれをプラスに変えることができるかが勝負。

弁天町の練習場は以前より音響的に問題があり、これを機会に我々の念願でもあった「大きなコンサートホールでの練習」を実現しよう！　ということで、事務局のスタッフが引っ越し先を探しはじめました。

ところが、「そんなに遠くない街で、年間の練習の九割を使えるコンサートホール」を見つけるなんて夢のような話だと、だんだんわかってきました。

候補のコンサートホールは絞られましたが、素晴らしい条件でも距離があまりにも遠すぎたり、距離は近いがコストがすごく高かったりと、いずれも問題を抱えていました。

事務局のスタッフは必死にホールを探し続けたのですが……。

ついに浜橋専務理事が僕と腹を割って話す機会をつくり、

「これまで三〇か所以上検討したけど、理想のホールを見つけるのは不可能に近い。申し訳ないが、今の候補地で腹をくくってくれ」

と告げたのです。

僕はどうしてもあきらめきれず、この日は浜橋さんと大喧嘩《おおげんか》をして別れました。

その日の夜はほとんど眠れず、翌日の明け方にうつらうつらしていると、突然「門真だ！」という声が聞こえたのです……。

その前日、部屋の整理をしていたら、英国留学時代のルトスワフスキの前でオケコンを指揮したときのビデオが出てきました。無意識のうちに、そこから羽田健太郎さんとの門真の素敵な思い出につながったのかもしれません。

とにかく、明け方「門真だ！」という、今思えば〈神のお告げ〉を聞いて、すぐに浜橋さんに「門真市に当たってみてください！」とメールすると、浜橋さんも眠れなかったのかすぐに、「今日、聞いてみます！」と返事をくださいました。

それまで門真はたまたま候補から外れていてノーマーク。その日、浜橋さんがいきなりホールに電話して事情を説明すると、ホールのスタッフの皆さんも喜んでくださって、その後はあれよあれよという間に引っ越し先が門真市のルミエールホールに奇跡的に決まったのです。

サントリーから常勤で来てくださっている関西フィルの浜橋専務理事と。中央は門真のイメージキャラクター「ガラスケ」。

しかも、ルミエールホールはリニューアルしたばかりで美しく、ホールから歩いて四分の京阪電車「古川橋」駅前も近年整備が進んでいて、とっても素敵な雰囲気。事務局もホールの目の前の建物に引っ越しができ、しかも大阪の梅田からは電車で三〇分の最高のロケーション。

門真市とは「音楽と活気あふれるホームタウンパートナー協定」を結び、地元に密着した新たな活動を開始することになったのです。

また、二〇一九年にオープンしたばかりの素晴らしいコンサートホールを併設する「文化創造館」のある東大阪市（僕は市の特別顧問をしております）は隣街で、関西フィルはすでに「文化芸術のまち推進協定」を交わして深い絆で結ばれていました。

関西フィルの新しい本拠地となった門真市のルミエールホール。

偶然にも、東大阪市の野田義和市長と門真市の宮本一孝市長は懇意にされていて、今ではこのエリアでどんな新しいことができるのか？　ワクワクしながら関係者の皆さんと夢を描いているのであります。

僕はあのとき、浜橋専務理事に「門真市に当たってみてください」と言っただけで、その後の事務局スタッフとルミエールホールのスタッフ、門真市役所の皆さんとの調整は本当に大変だったと思います。

年間の練習の九割をリニューアルしたばかりの大ホールでやらせていただくには、いろいろな規定をかなり変更しなければならず、そのための関係者の皆さんの労力に心より感謝しております。

ルミエールホールの
大ホール

また、あのとき浜橋さんが真摯《しんし》に僕と向き合ってくださったからこそ、〈神のお告げ〉を聞くことができたのだと感謝しているのであります。

そして門真市に決まる以前に、熱心に関西フィルをなんとかしようと動いてくださった各街・ホールの関係者の皆さまにも感謝の気持ちでいっぱいです。心からお礼を申し上げます。

皆さまとは、これからもさらに素敵な関係を発展させることができるよう、尽力してまいります。

ふだんの練習の九割以上をコンサートホールを拠点に行うことができる、という恵まれたオーケストラは、日本国内では数少ない限られた団体だけです。コロナ禍のおかげで、この素晴らしい環境を手に入れることができたのです。

年間を通じてのメインの定期演奏会を行う本拠地は、これまで通り大阪市福島にあるザ・シンフォニーホールですが、この四月から門真市を練習拠点・ホームタウンとして、どんな新しい活動ができるのか!?　楽しみでなりません。

そして……、もし羽田健太郎さんとの素敵な思い出がなかったら、ルミエールホールは練習拠点にならなかったのかもしれないと思うと、ハネケンさんにも心から感謝しているのであります。

# 新しい調性音楽を求めて

この原稿を書いている今日は、二〇二一年四月二三日。昨年からコロナ禍が続き、本日、三度目の緊急事態宣言が出ることになりました。

四月二九日に僕が指揮する予定だった関西フィルハーモニー管弦楽団の定期演奏会はキャンセル。昨年から、僕が指揮する予定だった公演が数えきれないくらいキャンセルされてしまい、これまで経験したことのない悔しい思いをしております。

ただ、もっと悔しい思いや辛い思いをしている方々が世界中にたくさんいるわけで、僕自身は絶対にネガティブな考え方や発言はするまいと決心しています。

コロナ禍の今だからこそ、その与えられた時間を有効に使って何ができるのか？

新しいレパートリーの勉強をたっぷりできるのはうれしいし、昨年一二月には最初のエッセイ集を発売することもできました。そして今、その続編を執筆しているのであります。

ところで、この四月にキャンセルされた関西フィル定期演奏会のプログラムは、前半が田中カレンさんの二つの作品で、「ローズ・アブソリュート」と、チェロ協奏曲「アーバン・プレイヤー（都会の祈り）」（ソロは長谷川陽子さん）、後半はショスタコーヴィチの交響曲第12番「1917年」。このプログラムは、ぜひともこのままで必ず近いうちに取り上げるつもりです。

田中カレンさんは世界的な人気作曲家で、世界中の名門オーケストラがカレンさんの作品を取り上げています。日本でもたとえば「ローズ・アブソリュート」は、サロネンの指揮でNHK交響楽団によって演奏されています。

現在ロサンゼルス在住のカレンさんは、僕と一歳違いの同世代。僕がデビューしたころカレンさんは、世界が認める現代音楽の新進気鋭の若手作曲家として、たいへん注目されていました。

初めてお会いしたのは三〇年近く前で、英国のロイヤル・リバプールフィルハーモニー管弦楽団の演奏会のゲネプロ（本番前のリハーサル）でした。

このときの指揮者が音楽大学の先輩だったので僕は見学に来ていて、プログラムにカレンさんの作品が入っていたのです。

このとき、カレンさんは僕が当時「現代音楽撲滅協会」を提唱していた作曲家、吉松隆さんの右腕的存在だと知っていて、態度がちょっと冷たかった。

ところが数年前に、いきなりカレンさんからとても丁寧なメッセージをいただきました。「はじめまして。田中カレンと申します……」ではじまり、以前より僕と吉松隆さんとのCDを聴いてくださっていて、素晴らしい演奏と作品！　とほめてくださっているその文章にびっくり！

僕があわててカレンさんに、「はじめましてではないですよ、以前お会いしています」と前述したリバプールの話を伝えると、そのことをすっかり忘れていたカレンさんから「思い出しました。あのときの私はトンがってました」とお返事をいただいたのです。ただあのときは、僕も鼻っ柱が強く、カレンさんに対する態度が悪かったようで、今ではお互いさまと笑い話になっています。

そして、メッセージをいただいてから聴いたカレンさんの作品の数々にびっくり！　リバプールでお会いしたときからは作風がすっかり変貌して、調性を取り戻したその音楽は誰にでもわかりやすく、それでいて奥が深い。その品格高い新しい調性音楽に、たいへん感銘を受けました。

たとえば、今回取り上げるはずだったチェロと管弦楽のための「URBANPRAYER（都会の祈り）」は、まさに今にぴったり。エキサイティングでありながら、魂のこもった深い祈りの美しさには息をのみます……。

この傑作が二〇〇四年に作曲されてから、日本ではたったの一度しか演奏されていないなんて！

ところで定義はあいまいですが、現代音楽とは二〇世紀後半から現在に至る音楽のことで、それまでの音楽様式から離れて先鋭化され、調性がなくなり、不協和音が多用された作品を指すのが一般的です（この時代でも、調性を守った親しみやすい作品が生まれていますが、ここではそれは例外とします）。

また、当初は「大衆に迎合してはいけない」という思想が強くあったようです。だから一般の多くの人びとに愛されるような作品が、この世界から生まれるのが難しいのは当たり前だし、それはそれで良いのだと思います。

現代音楽の難解な世界に馴染《なじ》めず、映画やテレビ、ゲーム音楽の作曲家（一般に劇伴作曲家と呼ばれます）になった才能ある方々もたくさんいます。

ちなみに田中カレンさんは、今でも現代音楽の作曲家と呼ばれることがあるようですが、僕は抵抗を感じます。「現代音楽」という呼び名が生まれて約七〇年？　もたっているし、田中カレンさんのように調性を守っている作曲家もたくさんいるので、新しい調性音楽の世界を指す新たな呼び名が生まれても良いのでは？　と思うのですが……（もう生まれていたらゴメンナサイ）。

前作でも書きましたが、現代音楽を否定するつもりはまったくありません。素晴らしい作品もたくさんあります。ただ、聴衆を選んでしまい、専門家やコアなクラシックファンにとっては傑作でも、一般的に受け入れられない作品が多い。

現代の小説が、なぜ多くの人びとに愛されるのか？　それは普遍的な文法が壊されずにいて、誰でも読めるからです。

語弊があるかもしれませんが、現代音楽の世界では、音楽の普遍的だった語法が進化・先鋭化しすぎてしまい、一般の人びとがついていけなくなってしまったと感じます。

その結果、普通の演奏会で、過去の有名作曲家の作品と並べて、プログラムの後半のメインで堂々と演奏される、世界中の多くの人びとに愛され、何度も再演されるような新しい作品がこの半世紀のあいだ、ほとんど生まれていません。

現代音楽を取り上げる演奏会は、チケットを売るのが難しいので、どうしても演奏回数が少なくなります。その代わり近年では、現代音楽以前の、時代に埋もれていた作品が演奏されたり、映画音楽も積極的に取り上げられるようになりました。

二〇二〇年、ジョン・ウィリアムズがウィーン・フィルハーモニー管弦楽団との演奏会で、自身の「スター・ウォーズ」などを指揮して、聴衆だけでなく団員も熱狂したと伝えられる出来事は、映画音楽のステイタスを上げる画期的な大事件だったと思います。

現代音楽の世界から生まれる新しい作品も大切ですが、その一方で多くの人びとに楽しんでいただける新しい音楽も生まれてこなければ、若いファンが減ってクラシック音楽界は衰退します。

そして、たとえばマーラーやショスタコーヴィチは苦手だけど、新しいオーケストラ作品には興味があるというような新たなファン層をしっかり開拓できなければ、オーケストラの数も減っていくかもしれません。

近年、大スクリーンの映画全編上映に合わせて生オーケストラが演奏するシネマ・コンサートや、ゲーム音楽をオーケストラで演奏するコンサートが、びっくりするくらいの大人気です。クラシックはあまり聴かないけど、オーケストラを聴きたいという人たちがたくさんいる証拠で、我々にとって大きな希望の光でもあります。

僕はこれまで、「多くの人びとが楽しめる新しい音楽」を紹介することを天命のひとつとして活動してきました。それを続ければ、世界中で多くの人びとに愛されるような大傑作も必ず生まれると信じているからです。

デビュー以来、多くの邦人作品の初演や再演、CD録音をしてきたと自負しております。また、それらの作品を定期演奏会やそれに準じる演奏会で、過去の人気作品と並べて取り上げることにこだわってきました。

名曲を聴きたくてチケットを買ったお客さまに、邦人作品を聴いてほしいからです。新しい作品だけの演奏会では、特別な人たちしか集まらないのです。

今年も二月に、若手作曲家の林そよかさんが世界的ジャズピアニスト小川理子さんに書いた、ピアノ協奏曲の改訂版を関西フィルと初演。昨年初演して大成功したピアノ協奏曲をさらに進化させた作品で、誰でも楽しめるジャズ風の素晴らしい作品です。

そのコンサートの前日は、東京サントリーホールの東京シティ・フィルハーモニック管弦楽団定期演奏会で、人気作曲家菅野《かんの》祐悟《ゆうご》さんが世界的サックス奏者須川《すがわ》展也《のぶや》さんに書いた協奏曲を初演しました。

それまでに、菅野祐悟さんの交響曲第1番、第2番を関西フィルの定期演奏会のメインで取り上げて大成功。どちらも四〇分を超える大作ですが、両演奏会とも補助席・立ち見まで出るほどで、満杯のお客さまから大喝采を浴びました。

今回の菅野さんのサックス協奏曲は、協奏曲というより三つの楽章からなる「サックスと管弦楽による壮大な交響詩」ともいえる作品でした。林そよかさんは、これぞ協奏曲！といった正攻法の作風でみごとに新しいピアノ協奏曲を生み出し、客席は大盛り上がり。一方の菅野さんは、協奏曲の概念を壊してまったく新しい調性音楽の可能性を追求した作品で、聴衆を圧倒しました。

どちらも素晴らしい作品で、うれしかったのは両方の演奏会ともチケットが完売したことです。

「新しい作品を聴きたくて多くのお客さまがワクワクしながら集まる」という、昔は当たり前だった光景をもっと増やさなければなりません。

今シーズン（二〇二一年）以降、僕が指揮する関西フィル定期演奏会では、菅野祐悟さんが宮田《みやた》大《だい》さんに書く新作チェロ協奏曲の初演、貴志《きし》康一《こういち》の交響曲「仏陀」や伊福部《いふくべ》昭《あきら》のヴァイオリン協奏曲第2番（ソロは関西フィルのコンサートマスター岩谷《いわたに》祐之《すけゆき》さん）の再演、木島由美子さんの新作初演、松村《まつむら》禎三《ていぞう》さんのピアノ協奏曲第2番（ソロは渡邉康雄さん）の再演、吉松隆さんのピアノ協奏曲の再演（ソロは田部京子さん）と続きます。

首席客演指揮者をしている東京シティフィルとも今後、琴と尺八と管弦楽のために書かれた大島ミチルさんの協奏曲「無限の扉」と千住明さんの「月光」の再演（琴・遠藤千晶さん&尺八・藤原道山《ふじわらどうざん》さん）、吉松隆さんのチェロ協奏曲の再演（ソロは宮田大さん）や同じく吉松隆さんのピアノ協奏曲の初演（ソロは田部京子さん）、菅野祐悟さんが神尾真由子さんのために書く新作ヴァイオリン協奏曲の初演が決まっています。

このように、僕が指揮する関西フィルと東京シティフィルの定期演奏会では、必ず邦人作品を取り上げるように心がけています。

邦人作品を楽しみに来てくださるお客さまを、もっと増やさなければならないのです。

そして先日、僕がリスペクトする若い素晴らしい指揮者たち――山田和樹さん、鈴木優人さん、原田慶太楼さん――と四人で、二〇二三年に新作だけの演奏会を開催するという企画を発表しました。

新作を広く公募して四人で作品を選び、四人で分担して初

左から山田和樹さん、鈴木優人さん、右端が原田慶太楼さん。この3人の「ザ・スリーコンダクターズ」というYouTubeチャンネルでは、毎回ゲストを招いての楽しいトークショーがご覧になれます。

演するという、まったく新しいアイディアの演奏会です。

日本コロムビアの全面バックアップでCD録音を行い、BSテレ東『エンター・ザ・ミュージック』でも収録して複数回に分けて放送し、作曲者と作品を紹介するという企画です。

この企画のホームページを新たに日本コロムビアが開設して、新しい音楽についての情報も流していく予定です。

これから先、「ほかの指揮者やオーケストラにも好んで取り上げてもらえる」新しい作品を、どれだけ多く生み出すことができるのか？

それが僕にとっての大きな挑戦のひとつなのであります。

指揮する
鈴木優人さん（上左）
原田慶太楼さん（上右）
山田和樹さん（下左）
僕（下右）

# おわりに

英国でプロデビューして二八年になります。

せっかく神さまが指揮者にしてくださったのだから、僕だからこそできることをもっと本気でやらなければ、という僕の思いにテレビ東京が応えてくださり、二〇一四年からスタートしたのが、BSテレ東（毎週土曜日朝八時半〜、全国放送）の音楽番組『エンター・ザ・ミュージック』です。

僕が司会と指揮を務め、関西フィルハーモニー管弦楽団がレギュラー・オーケストラとして出演して、現在（二〇二一年）、八年目で放送は三五〇回を超えています。

名曲の数々を奥深く楽しんでいただいたり、若い音楽家を積極的に紹介するだけでなく、多くの邦人作曲家をゲストに招いて、新作の初演や再演の模様をお届けしてきました。

また、全国放送の音楽番組のレギュラー・オーケストラが、東京のオーケストラではなく、関西フィルということにも意義があります。東京の一極集中は決して良いことではないからです。

今では、全国の学校の先生方が、録画を授業で使ってくださっていると聞いて、すごくうれしく思っています。

二〇一九年からは、僕が新しいカルテット（弦楽四重奏団）、《The 4 Players Tokyo》を結成して、番組でプロデュースするようになりました。

僕は高校までチェロをやっていたので、カルテットが大好き。作曲家にとってカルテットは交響曲と双璧の重要な分野で、多くの傑作が生まれています。

以前はカルテットのLPやCDが多く発売されて話題になり人気もあったのですが、近年はCDが売れない時代に突入し、カルテットが下火になりつつあるようで、なんとかカルテットの素晴らしさを多くの方々に伝えたいとはじめたのです。

別々のオーケストラのトップ奏者を集めたメンバーは、

・リーダー／第1ヴァイオリン・戸澤哲夫（東京シティ・フィルハーモニック管弦楽団、コンサートマスター）
・第2ヴァイオリン・遠藤香奈子（東京都交響楽団、首席第2ヴァイオリン奏者）
・ヴィオラ・中村洋乃理（ＮＨＫ交響楽団、次席ヴィオラ奏者）
・チェロ・矢口里菜子（山形交響楽団、首席チェロ奏者）

の皆さん。これまでに（二〇二一年一〇月現在）、この通称《Ｔ４ＰＴ》は番組に一三回出演してカルテットのさまざまな魅力を紹介する一方、全国各地で演奏会（僕の司会付き）を行って大人気。演奏も素晴らしい進化を続けています。

Ｔ４ＰＴのメンバー。左から、戸澤哲夫さん、遠藤香奈子さん、僕、矢口里菜子さん、中村洋乃理さん

指揮者がカルテットをプロデュースするなんて、今までになかったことなので、とことんやってみようと思っています。

演奏会を指揮するだけでなく、『エンター・ザ・ミュージック』を通じて全国にいろいろなことを発信できるのは、番組制作のプラネット・ワイとBSテレ東の皆さんが、毎回僕のわがままを受け入れて、とても丁寧な番組づくりをしてくださっているおかげであります。

八年前の番組立ち上げのときから、「頑張って長寿番組にしなさい！」と応援してくださっているメインスポンサー阪急電鉄の角和夫会長や、「たいへん良質な番組だ」と二年前からスポンサーになってくださった旭化成ホームズ（ヘーベルハウス）の川畑文俊社長をはじめ、これまでに多くの方々が応援してくださいました。皆さまには心から感謝の気持ちでいっぱいです。

また、このたび続編をすぐに了解してくださった敬文舎の柳町敬直社長、阿部いづみさん、前作に続いて素晴らしいカバーデザインをしてくださった竹歳明弘さん、今回も校閲と、一文を寄せてくださった吉村和昭さん、本当にありがとうございます。素晴らしいチームに感謝です。

そして、前作同様にこのエッセイを書けたのは、一四年前に僕のファンサイトを立ち上げ、ブログで僕が書いた文章をずっと大切にしてくださっている児玉純子さんのおかげです。本当にありがとうございます！

一緒に活動をはじめて二二年目のシーズンになる関西フィルは、いつも僕のやりたいことを真摯《しんし》に実現して僕の指揮者人生を支えてくださり、本当に幸せだと実感しております。感謝の言葉が見つからないほど感謝しております！

二〇一九年に首席客演指揮者に就任した東京シティフィルとは、新たに東京で刺激的な活動ができて、たいへんうれしく思っております。本当にありがとうございます！

今までになかったようなことを、これからもどんどんチャレンジしていけるのが、とても楽しみです。

指揮者なんて、いつ崖から転げ落ちるかわからない商売ですが、二八年間指揮者を続けていられるのは、これまで接してきたすべての皆さまのおかげです。

皆さまに心から感謝をこめて、ご挨拶に代えさせていただきます。

二〇二一年一〇月一六日

藤岡幸夫

# “攻める”指揮者、藤岡幸夫さん

二〇二一年一〇月三〇日、コロナウイルス感染症による緊急事態宣言の解除後、初となる関西フィルハーモニー管弦楽団の定期演奏会。ザ・シンフォニーホール（大阪市北区）は開演を待つ聴衆の熱気であふれていました。この日は、菅野《かんの》祐《ゆう》悟《ご》さんが、世界的チェリスト宮田《みやた》大《だい》さんから頼まれて作曲したチェロ協奏曲の世界初演です。その素晴らしい曲の演奏とともに、ホール全体が大きな感動に包まれていきました。

楽曲の世界初演に立ち会うという期待感、高揚感はじつに格別なものです。菅野祐悟さんの交響曲第2番が初演された二〇一九年四月の関西フィル定期以来、私はこのような幸福を大阪、そして東京で何度も味わってきました。林そよかさんのピアノ協奏曲第1番「Cosmos High」も強く心に残る作品で、今もフレーズを口ずさめるほどです。

藤岡さんは初演以外でも、邦人作曲家の作品を積極的に指揮されます。盟友の吉松隆さんはもちろん、伊福部昭《いふくべあきら》、冨田勲、芥川也寸志をはじめとする方々の作品です。演奏会のメインで取り上げられることの少ない邦人作品を聴く機会は貴重です。なかでも私は、二〇一九年一一月の東京シティ・フィルハーモニック管弦楽団定期演奏会で演奏された伊福部昭の「サロメ」に強く惹《ひ》かれ、聴くものにも覚悟を強《し》いるこの曲の熱量に圧倒されました。このような体験を幾度となくできるのも、藤岡さんの演奏を聴き続ける醍醐味《だいごみ》といえるでしょう。

邦人作曲家、シベリウス、英国人作曲家の作品を精力的に取り上げていることは、自他共に認める藤岡さんの音楽活動の大きな特色です。首席指揮者を務める関西フィル、首席客演指揮者を務める東京シティフィルの定期演奏会では、これらを組み込んだ〝攻めるプログラム〟で藤岡さんは臨んでいます。

一方、コアなクラシックファンだけでなく、新たなクラシックファンの獲得にも意欲的に取り組まれています。関西フィルとの活動では、前半はポピュラーな音楽中心ですが、後半には交響曲の名曲を組み込むといったラインナップの演奏会を開いて人気を集めています。毎年の開催が二〇年以上になる京都府城陽市、大阪府吹田市、滋賀県野洲市・長浜市・甲賀市、和歌山市をはじめ、東大阪市、和泉市、奈良市など、多くの街と長いお付き合いが続いていて、新たなクラシックファンの獲得に成功しています。

このような方向性は、楽団の首席指揮者としては当たり前のことかもしれません。しかし、藤岡さんはそれだけではなく、音楽活動の合間を縫って盛んに営業活動も行い、スポンサー企業集めにも努力されています。私は、他の楽団の事情に詳しいわけではありませんが、ここまで主体的に楽団経営に取り組み、しかも大きな成果を挙げている指揮者はきわめて稀《まれ》なのではないでしょうか。

藤岡さんが指揮される曲は、前記の作品だけではありません。もちろん、本書と前作で解説されているような、多くの作曲家のさまざまな作品も取り上げています。

これらのなかで、私は最近、ショスタコーヴィチの交響曲第5番を東京シティフィルの演奏で聴く機会がありました。第4楽章のフィナーレについて、藤岡さんは前作で、「楽譜どおりの速いテンポとダイナミクスで演奏すると、共産主義を否定した音楽になり……」（147ページ）と記されています。勝利をうたう金管を、尋常ならざる強い響きでかき消す弦楽器の演奏に接して、この解釈をよく理解することができました（終わった途端、第2ヴァイオリン奏者が肩で息をしていたのが印象的でした）。

前作に続いて、出版のお手伝いをさせていただきました。まさか、一年後に二冊目ができるとは、まったく想像もしませんでした。

どうか、このエッセイ集だけでなく、実際に藤岡さんが指揮する演奏会に足を運んでください。その際、本に書かれた解説を思い浮かべながら聴いていただけましたら幸いです。

二〇二一年一一月

奈良県立橿原考古学研究所附属博物館
吉村和昭

## レナード・バーンスタイン（指揮） ロンドン交響楽団
## 『ストラヴィンスキー：春の祭典＆シベリウス：交響曲第５番』

僕の大好きな映像のひとつ。この「春の祭典」は、僕が英国マンチェスターの王立音大生時代に、音大オケの定期演奏会で「春の祭典」を指揮すると決まったあとにテレビで観て、衝撃を受けた映像。圧倒的なパフォーマンス……、すごいです……。

そして、このシベリウス交響曲第５番は、デビュー後、最初はやはり英国のテレビで観て感動した映像。

僕は、バーンスタインはシベリウスをもっとも理解している指揮者のひとりだと思っている。

日本人は一般的に、シベリウスの交響曲の本質（北欧の自然の印象——もちろんこれもとても大切だけど——が強すぎるように感じる）を理解しきれていない、と感じるときがある。シベリウスは、作曲時の自身の感情に大きく影響される作曲家。その音楽の特徴は強烈なマグマだ……。そしてそのシベリウスのマグマをみごとに表現しているのがバーンスタインだ。

シベリウスの交響曲第５番は僕がもっとも愛する交響曲だけど、この映像を初めて観たとき、デビューしたてだった僕はすごい影響を受けたのです。

発売元：ナクソス・ジャパン

## カール・ベーム（指揮） ウィーン・フィルハーモニー管弦楽団
## 『モーツァルト：歌劇「フィガロの結婚」』

「フィガロの結婚」は定番すぎて、自分から楽しもうなんて思わなかったけど、コロナ禍で暇だったので、久しぶりにこの映像を観て心底感動！　この映像はオペラ映画としても最高傑作のひとつ。

そして、プライ、フレーニ、テ・カナワをはじめとした超豪華キャストの素晴らしいパフォーマンス！

あらためて、すごい傑作だと思い知らされた。

なによりこのご時世、モーツァルトのオペラは、話はアホらしいが、聴いていてとっても幸せになります。

UCBG-9273/4　© ユニバーサル ミュージック

## DVD もおすすめ

### ヘルベルト・フォン・カラヤン（指揮）
### カラヤンの遺産 R・シュトラウス：アルプス交響曲
### (“万霊節” メモリアル・コンサート 1983)

関西フィルでもたびたび客演する素晴らしい指揮者であり、ベルリン・フィルハーモニー管弦楽団の元首席ヴィオラ奏者でもあったクリスト氏と、シドニーで共演した際（クリスト氏のために書かれた協奏曲の初演を僕が指揮した）に、指揮者談義に花が咲いた。
氏曰く「ベルリンフィルでカルロス・クライバーなどあらゆる指揮者と共演したが、やっぱりカラヤンが圧倒的に素晴らしかった。チャイコフスキー、ブラームス etc、とくにアルプス交響曲は一生忘れない」と熱弁していたのを思い出し、映像を手に入れて観てみると……たしかに、すげぇ……。
このころのベルリンフィルの管楽器は、音程があまり良くなくて和音は決して美しくないけど……、そんなことはどうでもよくなる豪華絢爛な圧倒的なパフォーマンス……。良いときのカラヤンは本当にすごい。この映像は全聖徒の日（11月1日）に催されたコンサートの、数少ない本当のライブ映像。カラヤンが「本当はライブの人」なのがよくわかる。
クリスト氏はこのとき、首席横で弾いている。

発売元：ソニー・ミュージックレーベルズ

### サイモン・ラトル（指揮）　ベルリン・フィルハーモニー管弦楽団
### 『バッハ：マタイ受難曲』

ふだん仕事以外でよく聴くのは、断然バッハが多い。とにかくどの作品も立体的で、聴いていてあきない。
「マタイ受難曲」はバッハの最高傑作のひとつと言われるが、この演奏はときにアグレッシブで衝撃的！　ラトルの真骨頂。素晴らしい歌手陣に加えて、ピーター・セラーズの演出でオペラのように楽しめる。
「マタイ受難曲」を初めて聴く人にオススメ。

発売元：キングインターナショナル

## 藤岡幸夫（指揮）　関西フィルハーモニー管弦楽団
## 冨田勲『源氏物語幻想交響絵巻』

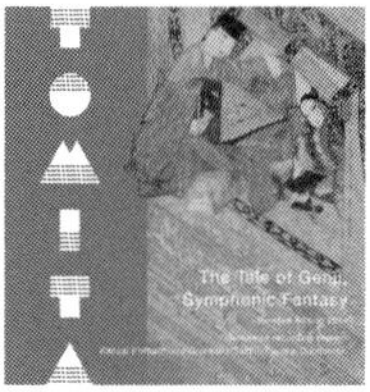


本文でも紹介した、冨田勲先生の最高傑作！
オーケストラと筝、篠笛、篳篥、笙、琵琶のサウンドがみごとに融合して、豪華絢爛で雅な音楽世界！！　さらに、曲中の京言葉の語りが楽器のように響いて、素晴らしい効果を生み出し、匂いまでしてくる。
冨田先生が絶賛してくださった演奏会を、超高音質でCD化。

作品解説や演奏会当日の冨田先生の話を聴ける、このCD専用サイトはこちら。
https://synthax.jp/rme-premium-recordings/the-tale-of-genji-2014
提供：シンタックスジャパン

## 藤岡幸夫（指揮）　関西フィルハーモニー管弦楽団
## 『シベリウス・交響曲全集&ヴァイオリン協奏曲』

関西フィルとは22年目のシーズン（2021年現在）になりますが、シベリウスはもっとも重要な作曲家として取り上げてきました。

その総決算がこの全集。これまでに、第1・第2・第5番のCDを発売していますが、全集では新たに録音し直しています。

魂のこもった関西フィルならではの演奏で、シベリウスの新たな魅力を感じていただけると自負しております。

ヴァイオリン協奏曲のソロは、関西フィルのコンサートマスター岩谷祐之さん。岩谷さんらしい、悪魔が宿ったような演奏と愛器のグァルネリ・デル・ジェスの素晴らしい音色をご堪能ください！

提供：ALM Records

## アルゲリッチ（ピアノ）
## 『バッハ作品集』

アルゲリッチのバッハって、意表をつくかもしれないが、いやはや素晴らしい。
僕はふだん、仕事に関係なくクラシックを楽しむときに聴くのはバッハが多い。
このアルゲリッチのバッハも絶品。彼女らしく躍動感あふれる一方で、繊細……！　そして、なんとも優雅で品格高い……。
バッハの音楽は立体的でありながら、じつはすごいメロディメーカーでもあるので、聴いていて全然あきません。

UCCG-6135　© ユニバーサル ミュージック



## ヘルベルト・フォン・カラヤン（指揮）
## ベルリン・フィルハーモニー管弦楽団
## ヴェルディ歌劇『ドン・カルロ』

当時のスーパースターたち（ホセ・カレーラス、ミレッラ・フレーニ、ニコライ・ギャウロフ、ピエロ・カップチルリ、エディタ・グルベローヴァ、ジョゼ・ファン・ダム、バーバラ・ヘンドリックス、アグネス・バルツァ）……、ありえないほど豪華な顔ぶれ。

スケールの大きいドラマティックな音楽、豪華歌手陣が素晴らしいのはもちろんのことだが、なによりカラヤンの指揮に圧倒されてしまう。

冒頭からテンポ、ダイナミクスを最大限に使って、ときにはたたみかけてくる劇的な演奏に、ひっくり返りそうになります。

そして、なにより音楽全体が歌っているのです……。良いときのカラヤンは本当に神がかっています。

残念ながらこの CD、現在は廃盤とのこと、ホントに残念。

## サー・コリン・デイヴィス（指揮）　ドレスデン国立歌劇場管弦楽団
## 『エルガー：交響曲第1番』

僕の愛するエルガーのいちばんのオススメは、サー・コリン・デイヴィス＆ドレスデン国立歌劇場管弦楽団。デイヴィスはロンドン交響楽団との録音もあるが、こちらのほうが良い。
ドイツのオーケストラがエルガーを演奏するのは珍しいが、ドレスデン国立歌劇場管弦楽団は深い愛情と強烈なパッションでデイヴィスの思いに応えて、英国オケでは味わえないエルガーの魅力を引き出しています。

発売元：キングインターナショナル

## ヴォルフガング・サヴァリッシュ（指揮）　ドレスデン国立歌劇場管弦楽団
## 『シューマン：交響曲全集』

デビュー当時、初めてシューマンの交響曲を振るときに、マネージャーのニックが「勉強になるから絶対に聴け！」とプレゼントしてくれた名演！　この演奏でサヴァリッシュのイメージが一変した。ドレスデン国立歌劇場管弦楽団も素晴らしい。若々しい生命力にあふれ、ときに軽快で絶対に重くならず歌にあふれる。
今でも僕にとって、シューマンを演奏するときのバイブルです。

提供：ワーナーミュージック・ジャパン

## グレン・グールド（ピアノ）
## 『バード＆ギボンズ：作品集』

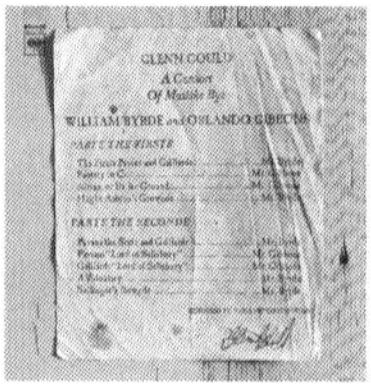


奇才グールドが、16世紀英国ルネッサンス期の二人の作曲家の作品を取り上げて、ファンを驚かせたアルバム。グールドらしくなくて、とっても自然で優しくシンプル。すごく癒されます。
16世紀にこんな素敵な音楽が生まれていたのですね。

発売元：ソニー・ミュージックレーベルズ

# 藤岡幸夫のおすすめCD

## ヴィルヘルム・ケンプ（ピアノ）
## 『ケンプ・バッハを弾く』

今は亡き巨匠ケンプが、珍しくバロックを弾いた大好きな録音。
バッハはもちろん、ヘンデルやグルックも美しい……。
古いロマンティックなスタイルだが、だからこそ伝わってくる優しさや温かみがたまらんです……。
もっともよく聴く、お気に入りの一枚。

UCCS-9173　© ユニバーサル ミュージック

## サー・ゲオルグ・ショルティ（指揮）　シカゴ交響楽団
## 『マーラー：交響曲第３番』

本文でもレッスンの話を紹介したが、何度かアシスタントをして大きな影響を受けたショルティの代表的録音のひとつ。
1970 年代後半～ 80 年代はマーラーブームの絶頂期で、CD の数もすごかった。
ライバルのバーンスタインやカラヤンに絶対に負けてたまるか！　というレコード会社と、ショルティ＆シカゴ交響楽団のすごい気合いが伝わってくる。

UCCD-4689/90　© ユニバーサル ミュージック



## ペーター・レーゼル（ピアノ）　ゲヴァントハウス弦楽四重奏団
## 『シューマン：ピアノ四重奏＆五重奏曲』

レーゼル＆ゲヴァントハウス弦楽四重奏団の名演。作曲当時は猛反対されていたクララとの結婚が認められ、どちらの作品も幸せいっぱいでロマンあふれ、生命力がみなぎる。
ときに現代のフュージョン音楽の先取り ?! を感じさせる傑作です。
室内楽は苦手という人に聴いてほしい！

発売元：キングレコード

# 続 音楽はお好きですか？

2021年12月10日　第1版第1刷発行

著　者　藤岡 幸夫
発行者　柳町 敬直
発行所　株式会社 敬文舎
〒160-0023　東京都新宿区西新宿3-3-23
ファミール西新宿405号
電話　03-6302-0699（編集・販売）
URL　http://k-bun.co.jp
印刷・製本　中央精版印刷株式会社



Printed in Japan ISBN978-4-906822-44-7